시간, 도요타처럼 **아끼고 닛산**처럼 **써라**

SEIKOSHA NI MANABU JIKAN-JUTSU

by Gao Natsukawa

Copyright © Gao Natsukawa, 2006

All rights reserved.
Original Japanese edition published by SEIBIDO SHUPPAN Co., Ltd. Tokyo.
This Korean edition is published by arrangement with Gao Natsukawa
in care of The Appleseed Agency Ltd., Tokyo
through Tuttle-Mori Agency Inc., Tokyo and Enters Korea Co., Ltd., Seoul.

이 책의 한국어판 저작권은 (주)엔터스코리아/Tuttle-Mori Agency Inc.를 통한
일본의 Appleseed Agency Ltd.와의 독점 계약으로 도서출판 이손이 소유합니다.
신 저작권법에 의해 한국 내에서 보호를 받는 저작물이므로 무단전재와 무단복제를 금합니다.

시간, 도요타처럼 아끼고 닛산처럼 써라

| 나츠카와 가오 지음 | 박화 옮김 |

이손

머리말

　이 책이 어떤 내용을 다루고 있는지는 제1장에서 자세히 설명하고 있다. 그런데도 굳이 '머리말'을 쓸 필요가 있느냐고 묻는다면, 꼭 그럴 것까지는 없다고 말할 수 있겠다. 시쳇말로 안 쓰면 그만이다. 그런데도 이렇게 굳이 펜을 든 이유는 내가 왜 이 책을 쓰는지를 말해 주고 싶기 때문이다.

　이런 종류, 그러니까 효과적인 시간관리에 관한 책은 이미 많은 사람들이 써온 것이고 서점에 진열된 것만도 무수히 많다. 경제경영 도서 분야에 가면 손에 잡히는 게 시간관리술에 관한 책이니 말이다. 게다가 이런 책을 쓴 저자들은 하나같이 고액의 강습료를 받으며 자신만의 노하우를 전파하는 시간관리술의 대가이거나 몇십억 원의 연봉을 받는 성공한 기업가들이다.

　그런데 별달리 내세울 거라고는 없는 내가 굳이 시간관리술에 관한 책을 쓰려는 이유는 뭘까?

　나는 원래 '시간관리'라는 말을 좋아하지 않는다.

'스케줄표에 빽빽하게 일정을 적어놓고 어떻게 하면 거기에 맞춰 신속하게 일을 처리해 갈까?'

'하루는 24시간, 어떻게 하면 시간을 낭비하지 않고 효율적으로 일을 진행할 수 있을까?'

이런 생각을 하는 것 자체가 누군가에게 조종당하고 있는 것 같아 거부감이 들기 때문이다.

그래서 시간관리에 대해 조금 다르게 생각해 보았다.

'시간관리가 시간을 관리한다는 의미라면 시간을 왜 관리해야 하는 걸까'를 생각해 보았다. 예를 들어 상사가 '3시까지 일을 처리하라'고 지시를 내리면 대부분의 사람들이 지금부터 '3시까지' 시간을 관리하는 것이 아니라 그 시간에 맞춰 자신의 업무를 조정한다. 이것은 시간을 관리하는 것이 아니라 오히려 시간에 관리당하는 꼴이 된다.

그래서 이 책에서는 '시간은 관리할 수 없다'는 전제 아래 시간관리술에 대해 다루려고 한다. 하루는 24시간, 이것은 전 세계 누구에게나 동등하게 부여되는 시간이다. 그런데 만약 시간을 늘릴 수 있는 사람이 있다면 어떻게 될까?

이 책을 통해 당신은 나의 대답을 알게 될 것이다. 그 궁금증을 풀기 위해 나는 오랜 시간 '시간관리에 성공한 사람'이 아닌 '성공한 사람들'의 시간관리술을 유심히 관찰해 왔다.

그리고 깨달았다.

예상대로 그들은 '시간을 늘리는 마법'을 쓰고 있었다. '마법'이라니, 지나치게 과장하는 거 아니냐고 생각할지도 모르겠지만 이것은 엄연한 사실이다.

이쯤 되면 의문이 들 것이다.

'시간관리술에 관한 책을 쓴 저자들은 과연 시간을 잘 관리하고 있을까?'

'정말 그들이 말하는 방법대로 하면 시간관리의 달인이 될 수 있을까?'

이 책의 취지를 한마디로 말하면 '실제로 시간을 늘려 성공한 각계각층 사람들의 노하우를 훔치자'는 것이다.

'기존의 시간관리술과는 전혀 다른 독특한 방식으로 시간관리에 접근한다'는 것이 바로 이 책의 다른 점이다. 그래서 실제로 활용하는 데 더 큰 도움이 되리라고 확신한다.

나는 이미 『회사를 발판으로 성공하는 사람, 회사를 발판으로 실패하는 사람』이라는 책을 통해 '회사'라는 형태의 상식을 파괴하는 데 도전했다. 또한 『재미있게 일하고 싶을 때 읽는 책』에서는 '일'이라는 형태의 상식을 파괴하는 데 도전했다.

이번에는 '시간'이라는 개념의 상식을 파괴하는 원대한 프로젝트에 도전하려고 한다.

시간을 늘리고 싶은 당신!

이제부터 내 이야기에 귀를 기울여 주길 바란다.

차례

머리말 05

제1장 성공한 사람들의 시간관리술

당신도 시간을 늘릴 수 있다 015

제2장 시간을 아끼는 기술을 훔쳐라

1. 도요타의 '시간 소모를 없애는 방식' 035
2. 물리학자에게 배우는 '시간을 저축하는 방법' 049
3. 장기의 천재에게 배우는 시간관리술 061

제3장 시간 뇌를 사용하는 방법

1. 시간에 구속되지 않고 일하는 법 075

2. 닛산의 '시간을 만드는 노하우' 087

3. 메모로 버리는 시간, 메모로 얻는 시간 099

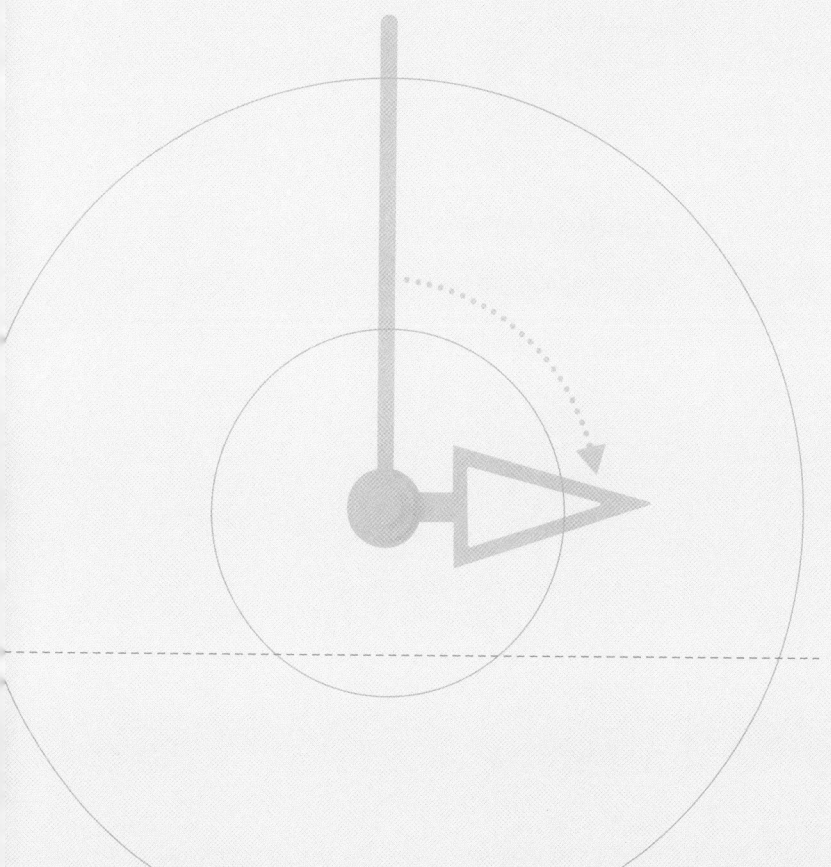

차례

제4장 속도를 높일수록 시간이 저축된다

1. 최고경영자의 시간 분배술 0113

2. 처칠이 말하는 '속도를 높이는 기술' 0123

3. 피카소의 잠재의식에 호소하는 시간술 0135

제5장 행동주의자의 시간 혁명

1. 바로 행동에 옮기는 기술   0149

2. 사우스웨스트 항공사의 시간 혁명   0161

3. 헤밍웨이의 '효과적으로 휴식을 취하는 기술'   0171

제6장 시간을 늘리는 노하우

거절은 시간 낭비를 없앤다   0185

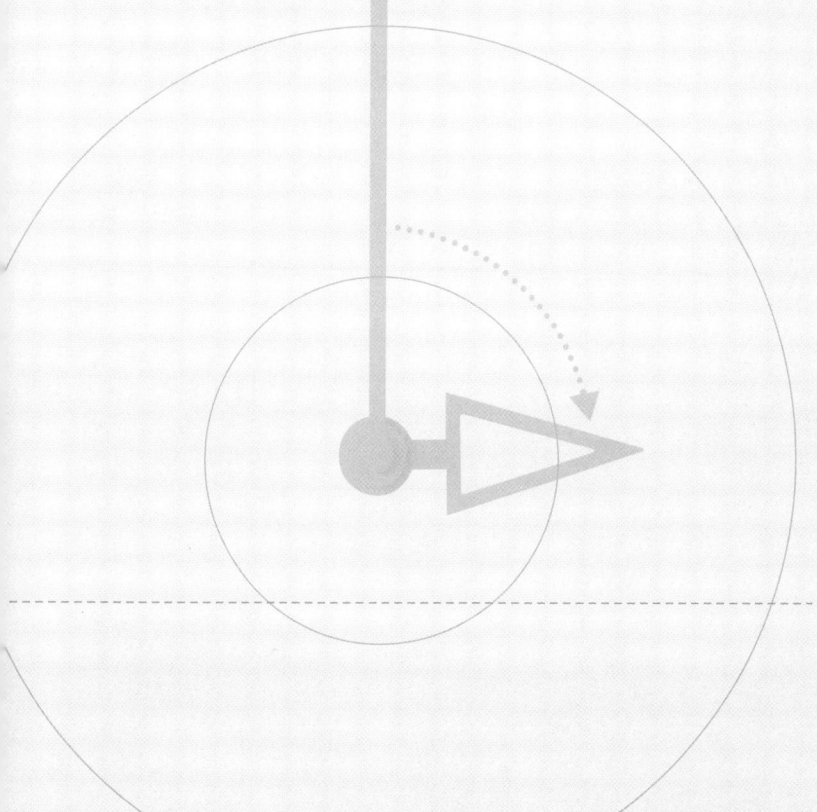

제1장

성공한 사람들의 시간관리술

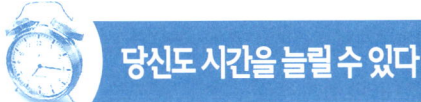
당신도 시간을 늘릴 수 있다

시간관리 상식을 파괴하라

지금까지 시간관리 기술에 대해 쓴 책들을 많이 읽고, 또 사람들에게 다양한 방법을 들어 알고 있을 것이다. 그렇다면 그러한 방법들을 실제로 활용해 본 적이 있는가?

이것저것 효과적이라고 하는 방법은 다 시도해 봤지만 여전히 당신은 '바쁘다'는 말을 입에 달고 살지 않는가?

'아, 바쁘다 바빠! 시간이 부족해.'

'시간이 조금만 더 있었더라면 잘해 낼 수 있었는데……'

수많은 방법들이 널려 있는데도 생각처럼 시간관리가 잘 되지 않는 이유가 뭘까?

시간관리술에 관한 책을 쓰는 사람들은 보통 대학교수나 컨설턴트, 작가가 대부분이다. 조금도 평범하지 않은 사람들이 떠들어 대는 방법을 따라하려니 한계가 있는 것이 당연하다.

'새벽 5시에 일어나서 하루를 시작하는 '아침형 인간'이 되십시오.'

'잠은 3시간이면 충분합니다. 잠을 줄이십시오.'

'술을 끊으십시오. 술을 마시면 다음 날 일하는 데 지장을 줍니다.'

과연 이대로만 하면 시간을 두 배로 늘릴 수 있을까? 절대, 그렇지 않다.

정신력으로만 실행하는 방법에는 한계가 있다. 좀더 근본적인 문제를 해결해야 한다. 과연 어떤 문제점이 있을까?

시간관리에 관한 책은 대부분 3가지 원칙을 토대로 씌어 있다.

- 시간은 늘어나지도 않고 줄어들지도 않는다. 매일 똑같은 시간이 주어진다.
- 따라서 시간은 모든 사람이 평등하게 가지는 것이다.
- 누구에게나 똑같이 주어진 시간을 얼마나 효율적으로 분배하는가, 그것이 바로 시간을 잘 관리하는 비법이다.

누구에게나 하루 24시간이 주어진다는 건 당연한 상식이다. 하지만 나는 이제부터 이 '당연한 상식'을 무너트리려고 한다.

'그럼, 시간을 늘릴 수 있단 말인가?'

이 질문에 나는 자신 있게 '그렇다'고 대답할 수 있다.

여기저기서 '그런 말도 안 되는 소리 집어치워'라는 소리가 들리는 듯하다.

그래도 속는 셈치고 나의 이야기에 귀를 기울여주길 바란다.

'시간'이라는 것은 물리적으로 '증가'하기도 하고 '감소'하기도 한다. 의아하게 생각할 것 없다. 이것은 천재 물리학자 아인슈타인이 '상대성 이론'을 통해 이미 증명한 사실이다. 상대성 이론에 따르면 시간은 '상대성'을 가지므로 상황에 따라 늘어나기도 하고 줄어들기도 한다. 비록 전자와 빛에 관련된 이야기이기는 하지만 이것만으로도 우리가 알고 있던 시간에 대한 고정관념이 완전하지 않다는 것을 알 수 있다.

일을 잘하는 사람은 시간이 많다?

'시간'이란 무엇인가?

도대체 어디에 존재하는 것일까?

'그런 건 원래 존재하지 않는다'고 시간의 존재 자체를 부정하는 과학자도 있다. 그러나 현실에서는 매일 아침이 되면 회사에 출근해야 하고, 월말까지 열심히 일을 해야 월급을 받을 수 있다. 물리적으로는 어떨지 몰라도 우리의 의식 속에서나마 '시간'은 분명 존재한다.

이 점에 대해 이미 2천 년 전 고대 로마 철학자인 루크레티우스는 다음과 같은 정의를 내렸다.

"시간은 그것 자체로는 존재하지 못한다. 다만 우리는 사물의 비약을 통해 시간이라는 감각을 얻을 수 있다."

쉽게 말해 '시간은 우리의 머릿속에 있는 감각'이다.

사무실에서 업무를 보고 있다고 하자. 겨우 일을 다 처리하고 밖을 보니 이미 날이 저물어 있다. 이때 시계를 보며 비로소 인식하는 것, 그것이 바로 '시간'이다.

이러한 발상은 유대인들의 시간관념에서도 그대로 드러난다. 신학자인 마에지마 마코토의 말에 따르면 유대교 성서에는 '시간'이라는 말이 독립적으로 사용되지 않는다고 한다. '업무 시간' '식사 시간' '독서 시간' 등 '시간'이라는 단어 앞에 행동을 나타내는 단어가 반드시 붙는다고 한다. 이것은 행동을 수반해야 비로소 '시간'이라는 것이 존재한다는 의미이다.

흥미 있는 일을 하다 보면 집중력이 생겨서 다른 때보다 일을 더 빨리 처리할 때가 있다. 이것은 그야말로 시간이 늘어난 것이다. 시간은 누구에게나 균등하게 주어진다고 하지만 나는 그렇게 생각하지 않는다. 일을 잘하는 사람에게는 일을 못하는 사람보다 훨씬 더 많은 시간이 주어진다. 정확하게 표현하면 '시간이 많은 것'이 아니라 '시간을 많이 확보한다'고 해야 할 것이다. 얼마나 노력하느냐에 따라 우리 모두는 시간을 늘릴 수 있다.

하지만 시간을 늘리는 데도 한계는 있다.

'그래 봤자 하루는 24시간이잖아요.'

'9시에 출근해서 6시에 퇴근해야 하는 건 아무리 일을 잘해도 마찬가지예요.'

그렇다. 안타깝게도 현실에서는 '시간의 장벽'이 존재한다.

시간에 관리당하는 시간관리술은 버려라

'시간의 장벽'을 만드는 요인은 다양하다.

- 기존의 상식
- 고정관념
- 인간관계
- 능력의 문제
- 심리적인 문제

이런 다양한 요인들이 복잡하게 얽혀 있기 때문에 우리가 시간관리를 하기 어려운데, 그중에서도 가장 큰 문제는 우리가 가지고 있는 '기존의 상식'이다.

'하루는 24시간' '근무 시간은 9시부터 6시까지' '토요일과 일요일은 휴무' 등, 이러한 것들은 모두 사람이 시간을 규정하기 위해 만들어낸 규칙이다.

하루가 24시간이라는 것은 지구의 자전 주기에 맞춘 시간의 틀일 뿐이다. 예를 들어 48시간에 한 번 회전하는 혹성으로 이주했다고 해서 아침 9시부터 41시까지 두 배로 일해도 지치지 않으리라고 생각하기는 어렵다. 마찬가지로 1년이 730일인 혹성으로 이주했다고 해서 수명이 두 배로 길어지는 것도 아니다. 오히려 인간의 평균 수명은 40~45세 정도가 될 것이다.

근무 시간이나 휴일도 회사에서 정한 규칙일 뿐이다. 그렇다고 그 규칙을 '파괴하라'는 뜻은 아니다. 더 효율적으로 일하려면 이렇게 규정된 시간을 잘 활용해야 한다.

그런데 지금까지의 '시간관리술'은 정해진 시간 내에 최대한 효율적으로 일하기 위해 당신의 행동을 조정하는 방법에 초점을 맞추고 있다.

이것은 '시간에 관리당하는 방법'이지 결코 '시간을 관리하는 방법'이 아니다. 그러니 잘될 리가 없지 않은가.

기획서를 제출해야 할 경우 회사에서 제시한 날짜, 고객이 요구한 날짜, 또는 자신이 정한 날짜 등 일반적으로 시간적인 제한이 따르게 된다. 대부분의 시간관리 책에서는 이 기한 내에 기획서를 만들어내는 방법을 제시한다.

　기획서를 80퍼센트 정도밖에 작성하지 못했는데 아무리 노력해도 도저히 시간 내에 맞추기는 힘들 것 같다. 어떻게 대처하면 좋을까? 대부분의 시간관리 책에서는 이렇게 말한다.

　'80퍼센트라도 완벽하게 마무리 지어라!'

　이것도 나름대로 괜찮은 방법이다.

　아직 혈기왕성한 신입사원이라면 80퍼센트밖에 완성되지 않은 기획서라도 적당히 마무리해서 제출하는 것이 좋다. 노력한 만큼의 점수를 받을 수 있기 때문이다. 오히려 며칠 더 연장해서 완벽한 기획서를 제출하는 것보다 정해진 날짜에 80퍼센트만이라도 진행된 기획서를 제출하면 오히려 더 좋은 평가를 받을 것이다.

　그 이유는 상사가 신입사원의 기획서를 100퍼센트 그대로 사용하지 않기 때문이다. 자신은 완벽하다고 생각해도 상사의 눈에는 신입사원의 미흡한 점만 눈에 띄게 마련이다. 처음부터 완벽한 기획서는 기대하지도 않는다. 상사는 자신의 손을 거쳐 더 공부하라는 취지로 당신의 기획서를 검토하고 문제점을 지적할 것이다.

　이 경우 처음부터 완벽한 것을 기대하지 않고 '속도'로 평가하기 때문에 '일을 빨리 처리하는 사람'이라는 인상을 심어주는 것이 좋다. 그러나 이것도 비용이 걸린 문제로 발전하면 상황이 달라진다.

상대가 빠른 답변을 원하면 되도록 빨리 기획서를 제시하는 것이 좋지만 완벽하게 마무리 지은 기획서를 제시했을 때 더 좋은 성과를 얻는 경우도 많다.

이때는 기획서를 빨리 만들기보다는 충분한 시간을 확보하는 데 노력을 기울여야 한다. 쉽게 말하면 '자신의 시간'으로 '정해진 시간'을 제어해야 한다. 필요에 따라 시간을 늘리는 것, 곧 시간 자체를 관리해야 한다. 즉 '시간 자체를 관리'함으로써 '시간의 장벽'을 제거할 수 있다.

시간의 장벽을 제거하는 5가지 방법

이 책에서는 '시간의 장벽'을 제거하는 5가지 방법을 성공한 사람들의 사례를 통해 배워볼 것이다.

어떤 것들이 있지는 알아보자.

(1) 낭비를 없애라.
(2) 시간 뇌를 사용하라.
(3) 스피드업 하라.
(4) 바로 행동에 옮겨라.

(5) 시간을 늘려라.

위의 5가지는 모두 시간관리에서 중요한 요소이다.

이제부터 '시간을 늘린다'는 것을 중점으로 상당히 근본적인 문제점까지 다뤄 나갈 것이다.

'시간의 장벽'은 의외로 고정관념, 인간관계, 심리적 문제 등 다양한 곳에 자리 잡고 있다. 진심으로 시간을 관리하고 싶다면 눈에 보이지 않는 곳에 숨어 있는 문제점까지 해결해야 한다.

문제점을 해결하려면 어떻게 해야 할까?

구체적인 방법에 대해 각 항목별로 자세히 살펴보자.

(1) 낭비를 없애라

우선 가장 중요한 것은 과연 '낭비란 무엇인가?'라는 문제를 정확하게 인식하는 것이다. 이 문제를 결코 쉽게 치부해서는 안 된다.

A기업에서는 신입사원이 들어오면 1년 동안은 한 부서에 배치하지 않고 여러 부서에서 근무하면서 다양한 경험을 쌓게 한다. 그러던 어느 날 '기업 내의 낭비를 줄여라'는 방침이 내려와 이 제도를 중단하게 되었다. 그런데 어찌된 영문인지 그 전보다 업무의 질이 더 떨어졌다. 여기저기에서 클레임이 터지고 사원들이 줄을 이어 회사를 그만두는 등 일대 혼란이 일어났다.

그도 그럴 것이 이 회사에서는 부서를 넘나드는 폭넓은 네트워크가 사원의 정보 수집과 동기부여를 지탱하고 있었던 것이다. 그런데 신입사원들이 한 부서에만 있게 되자 네트워크가 무너지고 기업 전체가 혼란에 빠지고 말았다.

언뜻 '낭비'로 보이는 일도 실제로는 '낭비'가 아닌 경우가 많다. 반대로 누구나 매우 중요하다고 생각하는 것 중에 '낭비'인 것도 있다.

이것을 분별해 내려면 어떻게 해야 할까?

최종 결과로부터 거꾸로 과정을 도출하고 그 과정에서 낭비를 찾아내는 것이다. 그러나 낭비를 찾아내는 것으로 끝나는 것이 아니라 찾아낸 낭비를 효율적으로 활용하는, 즉 '시간을 저축'하는 발상이 필요하다.

또한 낭비를 없애고 시간을 어떻게 활용하느냐가 중요하다. 그 열쇠가 되는 것이 '심플 싱킹Simple Thinking'인데, 이것은 '시간을 정리'하는 것이다.

⑵ 시간 뇌를 사용하라

'시간 뇌'는 내가 만들어낸 단어이다. 굳이 이런 단어를 만들어낸 데는 특별한 이유가 있다.

이미 앞에서도 말했듯이 일반적으로 말하는 '시간관리술'은 대부분 '시간에 관리당하는 방법'이다. '어떻게 하면 시간을 나의 것으로 만들어서 효율적인 라이프스타일을 구축할 수 있을까?'라는 요구를 충족하기 위해 확립된 대표적인 시간관리술로 '우선 순위'와 '스케줄링'이 있다.

'우선 순위'나 '스케줄링'을 하지 않고도 효율적으로 시간을 관리하는 것이 가장 이상적인데 그 이유는 '우선 순위'를 정하거나 '스케줄링'을 하는 와중에도 시간은 흘러가기 때문이다.

하지만 이것은 어디까지나 이상적인 것일 뿐, 실제로는 '우선 순위'를 정하거나 '스케줄링'을 해야 그나마 시간을 효율적으로 관리할 수 있다.

'어떻게 하면 간단하면서도 정확하게 우선 순위를 정할 수 있을까?' '어떻게 해야 업무 시간을 효율적으로 분배할 수 있을까?'를 고민하고 있다면 '시간 뇌'를 사용하라. '시간 뇌'란 시간에 구속되지 않고 시간을 관리하는 사고방식인데, 그 핵심은 바로 '절차'이다.

단순히 신속하게 일을 처리하는 것이 아니라 계획적으로 일을 처리하는 것이 중요하다.

한때 일본 유업계의 선두주자였던 유키지루시 유업의 명성을 한순간에 실추시킨 원인은 'DO'라는 스케줄 시스템이었다. '생산된 다음 날 제품을 배달'하는 이 시스템은 당시 업계에 새로운 바람을 일으킨 혁신적인 방법이었다. 그러나 지나친 자만으로 품질관리를 게을리해 자멸하고 말았다. '시간 뇌'를 가진 사람은 결코 이런 우를 범하지 않는다.

(3) 스피드업 하라

유키지루시 유업의 사례를 통해서도 알 수 있듯이 '시간 뇌'를 가져야 비로소 스피드업speed up, 속도를 높이다이 가능해진다.

택배회사가 당일 배송을 할 수 있는 이유는 이것을 실현시키기 위해 많은 비용을 들여 인재관리에서부터 인재육성, 시설관리, 정보관리 시스템을 구축했기 때문이다.

스피드업을 하기 위해서는 기술을 향상시켜야 한다고 생각하는 사람이 많은데 이것은 잘못된 생각이다. 택배기사의 운전 기술이야 중요하지만 영업력이나 기획력은 일의 성취도를 올리기 위한 것이다. 간혹 그로 인해 업무 처리 속도가 빨라지기도 하지만 근본적인 해결책이라고 하기는 어렵다.

그렇다면 스피드업을 도모하려면 어떻게 해야 할까?

'장해물 개선', 즉 '일을 신속하게 처리하는 데 방해가 되는 요소를 말끔하게 해결'하면 된다.

장해물에는 크게 세 가지가 있다.

- 시스템의 문제
- 커뮤니케이션의 문제
- 심리적 문제

택배회사가 당일 배송을 할 수 있었던 데는 시스템과 밀접한 관련이 있다. 그래서 구로네코 야마토 택배 서비스를 시작한 오구라 마사오는 모든 일련의 과정을 하나하나 개별적으로 생각해 보았다고 한다. 이러한 사고법이 바로 스피드업의 중요한 열쇠이다.

나는 '스피드업' 하는 기술은 소개하지 않을 생각이다. 대신 스피드업 할 수 있도록 장해물을 개선하는 근본적인 방법에 대해 중점적으로 다룰 것이다.

(4) 바로 행동에 옮겨라

앞에서도 말했듯이 스피드업을 도모하려면 장해물을 개선하는 것이 최우선이다. 주로 장해물이 많이 발생하는 시점이 있는데, 바로 '일을 시작할 때'이다.

단거리 달리기와 마찬가지로 일을 시작하는 순간은 집중력과 순발력이 가장 필요한 시점이다. 컴퓨터도 마찬가지다. 처음 전원을 켤 때 에너지가 가장 많이 소모되고, 그래서 이때 문제가 가장 많이 발생하기도 한다.

어떤 일을 하든 그것을 시작하는 단계에서 가장 많은 에너지가 필요한데, 여기서 에너지란 '의욕'을 말한다.

'의욕과 시간관리술이 무슨 상관이 있느냐?'고 의아해할지 모르겠지만, 사실 '의욕'은 시간을 효율적으로 관리하는 데 가장 중요한 요소이다.

글을 쓰는 작가들을 생각해 보자. 원고를 마감 날짜에 맞추지 못하는 작가들이 많은데, 그 이유가 집필 능력이 떨어진다거나 집중력이 낮아서가 아니다. 단지 펜을 들기까지 시간이 오래 걸리기 때문이다.

어릴 적 여름방학 숙제 할 때를 떠올리면 쉽게 이해할 것이다. 마음만 먹으면 금방 끝내고 편안한 마음으로 방학을 보낼 수 있는데도 좀처럼 하고자 하는 의욕이 생기지 않아 차일피일 미루다 결국 개학을 코앞에 두고서야 한꺼번에 하느라 진땀을 빼곤 하지 않았는가?

의욕이 생기지 않는 상태에서 일을 시작하면 시간을 효율적으로 쓰지 못한다. 일을 잘하는 사람은 시간을 효율적으로 쓸 수 있는 에너지, 즉 의욕을 보통 사람들보다 빨리 이끌어낸다. 성공하는 기업은 사원들이 바로 행동에 옮길 수 있도록 의욕을 불러일으킨다.

휴식을 취하는 것도 의욕을 끌어낼 수 있는 요령 중 하나이다. 의욕을 끌어내려면 쉴 때는 제대로 쉬어야 한다. 이렇게 말하면 '아! 그러니까 일 잘하는 사람은 일할 때는 일만 하고 놀 때는 확실히 논다는 말이 있는 거구나' 라고 생각할지도 모르겠다.

그런데 사실 일을 잘하는 사람은 노는 시간에도 끊임없이 일에 관한 아이디어를 떠올린다. 그렇다고 휴식을 제대로 취하지 않는 것은 아니다. 나의 경험을 비추어 봤을 때 멍하니 아무것도 하지 않은 채 휴식을 취한다고 해서 의욕이 채워지는 것도 아니었다. 그보다는 푹 쉬면서 새로운 아이디어를 떠올릴 때 의욕이 솟는다.

(5) 시간을 늘려라

마지막으로 소개할 것은 시간을 늘리는 기술인데, 대표적으로 다음과 같은 방법이 있다.

- 비효율적인 일은 거절하라.
- 좀더 빨리 일을 처리할 수 있는 사람에게 도움을 청하라.

이 두 가지 방법은 시간을 유용하게 쓰는 데 효과적이다. 실제로 많은 사람들이 시간관리 책에서 이 방법을 소개하고 있으며 나도 일을 할 때 적극적으로 활용하고 있다.

하지만 비효율적인 일을 거절하고 효율적인 일에만 전념하는 것이나 좀더 빨리 일을 처리할 수 있는 사람에게 도움을 청하는 것은 결코 능동적으로 시간을 관리하는 방법이 아니다. 오히려 시간의 관리를 받는 일종의 타협안이라고 할 수 있다. 그래서 여기에서는 과감하게 시간을 지배하는 입장에서 새로운 방법을 제안하고자 한다.

- 불가능한 일에 도전하라.
- 일을 잘 못 하는 사람에게 의뢰하라.

여기에 한 가지 더 제안하자면 '혁신적인 사고방식을 가져라.' 언뜻 보면 비효율적으로 여겨지지만 이러한 것을 시도하다 보면 결국 자신의 실력이 향상되므로 결코 무의미한 일이 아니다. 이 세 가지 방법을 통해 자신만을 위한 시간을 만들어낼 수 있다.

시간 강탈 프로젝트

'시간의 장벽'을 넘어 시간을 늘리면 '자신을 위한 시간'을 얻을 수 있다.

'자신을 위한 시간'은 무한한 가능성을 가져다준다. 지금껏 스스로 만들어온 한계를 넘어설 수 있으며 상황에 따라서는 '회사'라는 틀을 넘어설 수 있다. 얼마든지 '자신을 위한 일'을 할 수 있다. 정말 멋진 일이다.

나는 시간관리술의 전문가가 아니다. 과학자도 아니며 더욱이 거액의 강의료를 받으며 자기 계발 강연을 하는 전문가도 아니다. 지극히 평범한 사람이다.

그렇다면 이렇게 평범한 사람이 어떻게 시간관리 책을 낼 수 있었을까? 내가 이 책을 쓰기로 마음먹은 것은 누구보다 나 자신이 '시간을 늘려야 했기 때문'이다.

세일즈맨 생활을 접고 프로듀서 일을 하면서 동시에 회사를 운영하게 되자 누구보다도 절실하게 '자신을 위한 시간'이 필요했다. 하지만 아무나 시간을 만들어 내지는 못한다.

'시간이 절대적으로 필요한데 어떻게 하면 좋지?'라고 고민하던 끝에 '그래, 차라리 성공한 사람들의 비법을 훔쳐오자'는 결론을 내리게 되었다.

이렇게 해서 '시간 강탈 프로젝트'가 탄생했다. 자세한 내용은 목차를 참고해 주길 바란다.

어쩌다 보니 예를 든 성공한 사람들이 모두 남성인데, 의도한 것은 아니며 남녀노소는 물론이고 직종에도 전혀 구애받을 필요는 없다.

이들의 시간관리 노하우와 본질적인 사고방식을 훔쳐와 당신만의 시간관리법을 구축하면 된다.

지금부터 성공한 사람들의 노하우를 참고로 어떻게 당신만의 시간을 즐겁게 만들어갈 것인가 함께 살펴보자.

제2장

시간을 아끼는 기술을 훔쳐라

1  도요타의 '시간 소모를 없애는 방식'

"'효율'이란 결코 양과 속도의 함수관계가 아니다."
_오노 다이이치(도요타 자동차 전 부사장)

시간 낭비와 시간 절약

'낭비라고 생각되는 것을 생각나는 대로 종이에 적어보시오.'

엄밀하게 따지면 이런 작업을 하는 것 자체도 시간 낭비이므로 이 작업이 얼마나 효과가 있는지는 의문이다. 게다가 '낭비'라는 것을 쉽게 정의하기도 어렵다.

오늘만 해도 그렇다. 나는 바쁜 중에도 낮에 서점에 들렀는데, 이건 시간 낭비라고 할 수 있다. 집으로 돌아와서는 우편함에 있는 매거진을 무심코 읽었다. 이것 역시 시간 낭비다. 책상 주변을 둘러보니 건프라가 놓여 있었다. 그런데 이것을 조립한 것도, 그리고 책상 위에 장식해 놓은 것도 시간 낭비다.

그리고 이렇게 글을 쓰는 것조차 시간 낭비일지도 모른다. 어쩌면 이 세상에 내가 존재한다는 것 자체가 낭비인 건 아닐까?

지나치게 이야기를 비약시키기는 했는데 내가 말하고자 하는 것은 이렇게 낭비에는 어떤 것들이 있는지 나열해 봐야 아무런 의미가 없다는 것이다. 중요한 것은 '무엇이 낭비인가?'가 아니라 '무엇에 있어서 낭비인가?'이다.

'팔레트 법칙' 즉 '80/20 법칙'을 알고 있는가. 즉 하나의 일을 100퍼센트로 봤을 때 정말로 중요한 20퍼센트가 80퍼센트의 결과를 만들어낸다는 것이다.

이 법칙에 따르면 일의 80퍼센트는 중요한 20퍼센트에 의해 좌우된다. 그러므로 20퍼센트만 확실하게 해내면 불필요한 소모전을 줄일 수 있다. 하지만 실전에서는 생각처럼 쉽지가 않다. 왜일까? '팔레트 법칙'은 어디까지나 보편적인 법칙일 뿐이기 때문이다. 일의 낭비를 줄여 중점적인 20퍼센트에 열중해도 계속해서 다른 불필요한 일들이 발생하여 다시 80퍼센트를 채운다.

그럼 다음과 같은 의문이 들 것이다.

'그럼 왜 그런 불필요한 일들이 계속해서 발생하는 거지?'

그 이유는 아무리 불필요한 일이라고 해도 나름의 '기능'이 있기 때문이다. 앞에서 나는 바쁜데도 낮에 서점에 들렀다고 말했다. 언뜻 시간 낭비처럼 보이지만 실제로는 필요한 정보를 수집하기 위해서였다.

'요즘은 이런 책이 잘 팔리는구나' 또는 '이런 저자가 책을 냈구나' 등등 원하는 정보를 얻을 수 있다. 정말 유용한 정보는 스무 번 갔을 때 한 번 꼴로 얻을 수 있어 그다지 효율적이라고 할 수는 없지만 그 한 번이 중요하기 때문에 스무 번이고 서른 번이고 서점을 찾게 된다. 만약 이렇게 노력을 들여 얻은 정보를 일에 활용하지 못하면 그야말로 시간 낭비가 된다.

건프라도 마찬가지다. 기분 전환 내지는 자기만족이라는 나름의 역할이 있기 때문에 책상 위에 한 자리 차지하는 것이다.

여기에서 놓치지 말아야 할 것은 우리 자신도 인식하지 못하는 사이에 이런 모든 행동에 우선 순위를 정해 놓았다는 것이다.

1분이라도 늦으면 안 되는 중요한 고객이 기다리고 있다면 나는 서점에 가지 않았을 것이다. 건프라 역시 반드시 그 자리에 두어야 할 비품이 있었다면 재빨리 다른 곳으로 치워버렸을 것이다.

이렇듯 서점에 가거나 건프라를 장식하는 일은 누구보다 나 스스로 우선 순위를 알고 있기 때문에 그다지 시간 낭비가 되지 않는다.

그렇다면 무엇이 문제일까? 아무도 낭비라고 생각하지 못하는 낭비, 그것이 문제다. 게다가 이렇게 사람들이 잘 인식하지 못하는 낭비는 대부분 전혀 해결되지 않고 당당하게 중심에 자리를 잡고 있다. 그리고 최종 목표를 달성하는 데 막대한 지장을 준다. 쉽게 인식되지 않는 낭비를 정확하게 포착해 제거하는 것이 진정한 '시간 절약'이다.

'아무도 낭비라고 생각하지 않는 낭비'를 포착하려면 어떻게 해야 할까? 여기에 도움이 되는 것이 바로 '역사고'이다.

목표를 먼저 생각하면 시간이 절약된다

기한 내에 보고서를 제출해야 한다고 생각해 보자. 보고서를 작성하는 데 필요한 자료를 조사하기 위해 50여 권의 책을 읽어야 한다. 50권 다 읽으려니 시간이 너무 많이 걸리고 또 책 전체 내용이 모두 도움이 된다고 할 수도 없다. 그러므로 다 읽기에는 시간이 아깝다.

이때 자주 사용되는 방법이 '속독법'이다. 사람에 따라서는 책 한 권을 읽는 데 1분이 채 걸리지 않는 사람도 있다고 하니 '속독법'만 익히면 책 한 권을 단숨에 읽을 수 있을 것이다.

하지만 나는 책을 쓰거나 보고서를 작성할 때는 속독법을 쓰지 않는다. 속독법으로 책의 핵심 내용을 머리에 쑤셔넣기보다는 세부적인 사례를 확실하게 이해하는 것이 훨씬 도움이 되기 때문이다.

자주 사용되는 또 하나의 독서법으로 '불필요한 부분'이나 '도움이 되지 않는 책'은 읽지 않는 방법이 있다.

이것도 굉장히 효율적이기는 하지만 불필요한 부분과 그렇지 않은 부분을 나누는 것은 의외로 까다로운 문제이다. 불필요하다고 생각하고 넘어간 부분도 막상 보고서를 쓰다 보면 필요할 때가 상당히 많다.

그리고 지금은 도움이 안 되더라도 나중에 활용할 만한 자료가 있기 때문에 대충 읽으면 나중에 다시 읽어야 하므로 효율적이라고 할 수 없다.

이때 '역易사고'를 이용하면 아무리 많은 책도 거뜬히 소화해 낼 수 있다.

우선 쓰고자 하는 결론이 무엇인가? 이것부터 확실하게 설정한 후에 필요하다고 생각되는 부분을 추려서 읽는다.

내가 자주 쓰는 방법은 우선 '도움이 되는 부분'에 큰 포스트잇을 붙여놓는 것이다. 그리고 '나중에 도움이 될지도 모르는 부분'에는 작은 포스트잇을 붙여놓고 일단 넘어간다. 작은 포스트잇을 붙여놓은 부분은 나중에 시간이 나면 읽는다. 이렇게 하면 책 한 권을 시간 낭비 없이 알차게 소화할 수 있다.

시간 소모를 줄인 도요타의 '간판방식'

도요타가 세계적으로 자랑하는 생산방식, 이른바 '간판방식'은 앞에서 설명한 '역사고'를 토대로 만들어진 것이다.

세계의 모든 제조업체가 지금도 견본으로 삼고 있는 도요타의 생산방식은 1975년 부사장으로 승진한 '오노 다이이치'가 확립한 것이다.

도요타의 근본적인 사고방식은 한마디로 '필요한 제품을, 필요한 때에, 필요한 양만큼 만든다'는 것이다. 이것을 '저스트 인 타임Just in Time'이라고 부르는데 '간판 시스템'이라는 것은 말 그대로 '간판'을 사용한 생산 시스템이다.

즉 '무엇을, 언제, 얼마만큼 만들라'는 지시가 적힌 '간판'을 공정하는 내내 끊임없이 돌린다. '무엇을, 언제, 얼만큼'이라는 것을 처음부터 끝까지 철저하게 관리하면서 작업하기 때문에 생산에 꼭 필요한 작업만 할 수 있다. 필요한 양만 만들기 때문에 재고가 남지 않고 최소한의 인원을 배치할 수 있다. 게다가 불필요한 작업은 일절 하지 않으므로 최고의 속도를 올릴 수 있다.

오노 다이이치는 왜 이런 방식을 만들어냈을까?

그는 그 이유에 대해 이렇게 설명하고 있다.

"나는 사물을 거꾸로 생각하는 습관이 있다. 생산의 흐름은 곧 사물의 이동이다. 그래서 나는 사물의 운반을 반대로 생각해 보았다."

　자동차를 조립하는 작업은 작은 재료로 각각의 부품을 만들고, 여러 개의 부품을 조합하여 단일부품을 만들며 최종적으로 그 전부를 조합하여 자동차가 완성된다.

　이는 부품을 컨베이어벨트에 실어 계속해서 운반하는 자동화 시스템을 생각하면 이해하기 쉽다. 앞 공정에서 다음 공정으로 진행하는 과정을 통해 자동차가 완성된다. 과거 대량생산만이 살 길이던 시절에는 최대한 빠른 속도로 최대한 많이 만들어내는 것이 중요했다.

　그래서 오노는 지금까지와는 다른 각도로 생각해 보았다. 즉, '앞의 공정이 다음 작업을 진행하기 위해 뒤의 공정에 부품을 공급한다'는 고정관념에서 벗어나 '뒤의 공정이 앞의 공정을 인수한다'고 발상을 전환한 것이다. 앞의 공정은 뒤의 공정이 제시한 만큼의 제품만 만들어내면 된다. 쉽게 말하면 필요한 양과 시간을 미리 정하고 그에 맞춰 앞의 공정에서 만들어내야 할 제품의 양과 시간, 노력을 산출해 낭비를 완전히 배제하고 필요한 만큼의 작업만 할 수 있도록 한 것이다.

　'원인이 있고 결과가 있는 것'이 아니라 '결과를 우선 상정하고 원인을 어떻게 만들어갈 것인가'를 생각하면 낭비를 정확하게 간파할 수 있다. 이것이 바로 '역사고'의 효과이다.

자신이 해야 할 일을 시각화하라

'시간을 거슬러 올라가 낭비를 없앤다'는 발상은 책을 읽을 때뿐만 아니라 정보 수집이나 프레젠테이션 등 모든 일에 응용할 수 있다.

'역사고'를 통해 우선 최종 목표를 설정하고 목표를 달성하기 위한 단계를 시각적으로 만들어보자. 즉, 업무 처리 과정을 표로 그려보는 것이다.

이때 논리적인 사고가 필요한데, 좀더 쉽게 말하면 'So what?'과 'Why so?'라는 질문을 던져보라.

'So what?그래서 무엇을?'이라는 질문은 '원인에서 결과'라는 일반적인 순서에 따른 것이지만, 'Why so?왜 그런가? 왜 그렇게 됐는가?'라는 '역사고'를 통해 최종 결과에서 일의 순서를 돌이켜볼 수 있다.

'계약 체결'이라는 최종 결과를 '역사고'로 생각해 보자. 우선 '어떻게 계약을 체결했는가?'라는 질문을 통해 '설득력 있는 프레젠테이션이 가능했다' '고객에게 만족스러운 서비스를 제공할 수 있었다'라는 다양한 이유가 나올 것이다.

여기에서 한층 더 깊이 들어가 '어떻게 설득력 있는 프레젠테이션을 할 수 있었는가?'를 생각해 보면 '정확한 데이터를 수집했다' 또는 '고객의 요구를 정확하게 파악할 수 있었다' 등 더욱 세부적인 이유를 찾을 수 있다. '고객이 만족하는 서비스'에 대해서도 고객이 단순히 예의상 만족했다고 대답한 것인지 정말로 서비스의 질에 만족하고 있는지 파악할 수 있다.

이렇게 일의 최종 결과를 정점으로 '현재 하고 있는 일들'이나 '과거에 한 일들'을 표로 그려보면 '나뭇가지 모양' 내지는 '피라미드 모양'의 도표가 완성된다. 최종 목표를 정점으로 일련의 과정을 나열한 그림을 '피쉬본 도표fishbone diagram, 물고기 뼈 모양을 닮은 도표'라고 한다.

이 그림에 나타나지 않은 일들은 일을 진행하는 데 낭비가 되거나 그다지 의미가 없는 일이라고 할 수 있다.

단, 이때 지나치게 세밀한 도표를 그리는 데는 시간이 많이 걸리므로 대략적인 골격만 머릿속에 넣어두는 것이 좋다. 이 정도로도 충분히 일의 낭비를 줄일 수 있다.

예를 들어 프레젠테이션 하나만 놓고 봐도 아이디어가 기발했기 때문에 계약이 체결되었다면 데이터를 수집하는 일은 별 의미가 없다. 반면 프레젠테이션에서 상층부에 어필한 것이 결정적인 요인이었다면 수차례 담당자를 찾아가 설득해 봐야 도움이 되지 않는다. 가장 중요한 것은 '정말로 필요한 일'에 주력하는 것이다.

그리고 여기에 하나 더, '자신이 한 행동'과 관련하여 생각해 보자. 예를 들어 데이터 수집 방법이 좋아서 프레젠테이션에 성공했다면 '데이터 수집이 잘된 이유는 무엇인가?'를 생각해 본다. 육감이 절묘하게 맞아떨어져서인가, 아니면 처음에 주제를 잘 선정했기 때문인가?

자신의 감이 잘 들어맞은 거라면 직접 정보를 수집하는 것이 중요하다. 주제를 잘 선정했다면 누가 하든 크게 문제가 되지 않는다.

이렇게 자신이 해야 할 일을 시각화하면 속도를 높이는 것은 물론이고 중요한 일을 정확하게 파악하여 주력함으로써 성과를 한층 더 높일 수 있다.

일류 경영자에게 배우는 '낭비를 없애는 시간관리술'

한때 오노 다이이치 밑에서 근무한 경험이 있는 와카마츠 요시히토는 『도요타 벤치마킹』이라는 책에서 오노와 관련해 다음과 같은 에피소드를 소개하고 있다.

어느 날 한 부하직원이 회의에서 발표할 기획안을 들고 오노를 찾아왔다. '어느 정도 외주를 줘야 수지가 맞는가?'라는 내용이었다. 자사의 생산능력과 원가를 꼼꼼히 따져 데이터를 작성하고 생산량 증가에 따라 발주 가능한 외주량을 자세하게 분석한 자료였다.

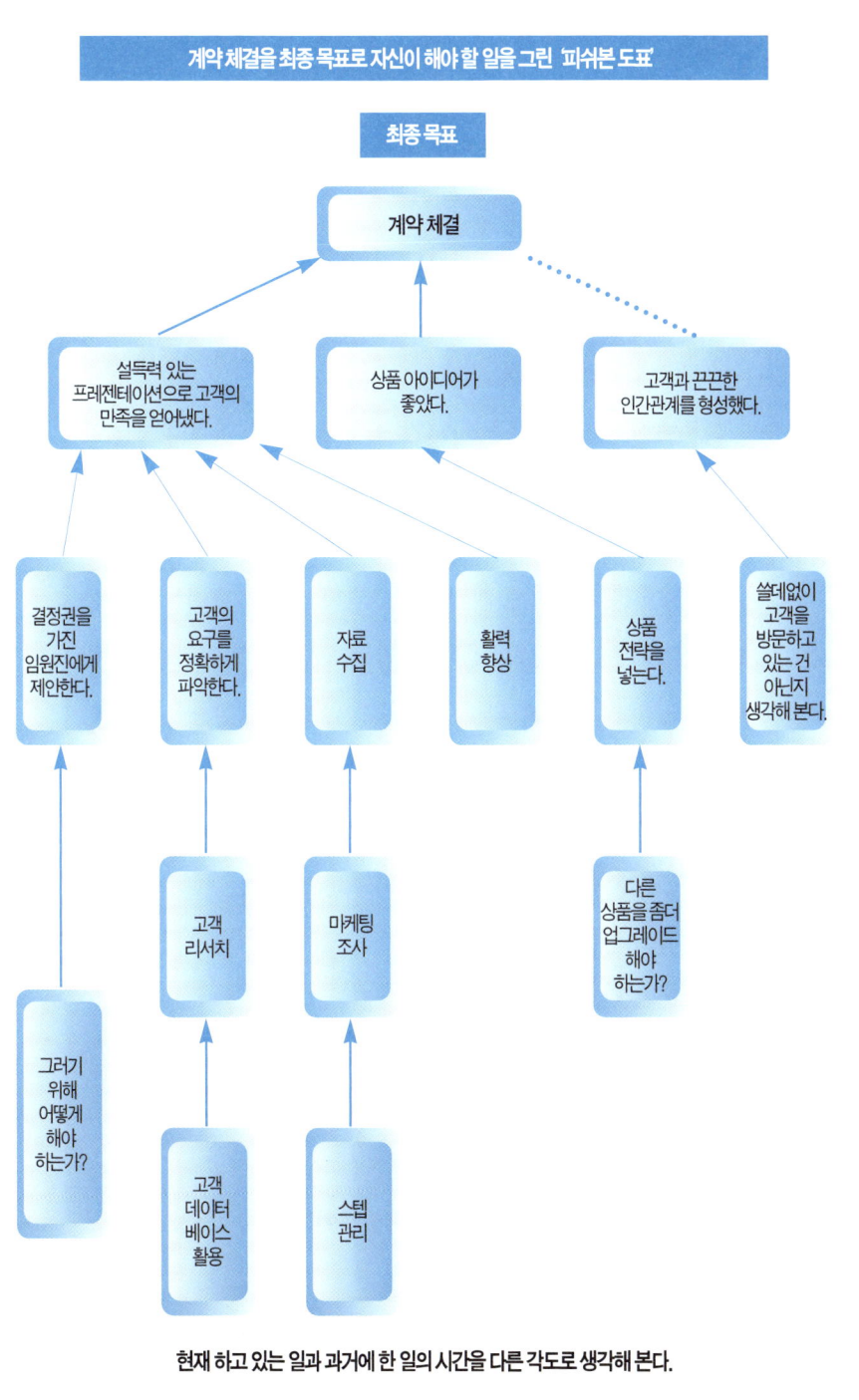

이 자료를 보고 오노는 딱 한마디를 던졌다.

"하루 종일 자리에 앉아 이런 쓸데없는 일로 계산기를 눌러대다니 한심하군."

그러고는 자료를 제대로 보지도 않았다.

오노는 왜 이런 반응을 보였을까?

그가 이런 냉담한 반응을 보인 이유는 '일의 목적이 무엇인가?'를 먼저 생각하는 습관이 몸에 배어 있기 때문이다.

처음부터 외주를 주는 것은 '필요한 제품을, 필요한 양' 만큼만 만들어 낭비를 철저하게 배제하고 그로써 이익을 올려야 한다는 그의 생각에 어긋난 것이었다. 그의 사고방식대로라면 우선 내부적인 낭비를 없애고 외주로 넘기지 않고도 생산율을 최대한 끌어올릴 수 있는 아이디어를 찾아내야 한다.

나는 지금까지 일의 최종 목표를 정한 다음 과정을 이끌어내는 '역사고'를 주장해 왔다.

이러한 사고방식에서 한 단계 더 나아가면 낭비를 철저하게 제거할 수 있다.

'회사의 이익을 올린다'는 최종 목표를 세우고 현재 하고 있는 일과 과거에 한 일을 돌이켜보면 불필요한 일이 의외로 많다는 것을 알게 된다.

예를 들어 월말 업무 보고서를 작성해야 한다고 하자. 업무 보고는 업무를 파악하는 데 상당히 중요한 작업이며 한 달을 마감하는 것이므로 한창 바쁜 월말에 작성한다. 그렇다면 다른 업무에 피해를 주지 않고 어떻게 효율적으로 보고서를 작성할 수 있을까?

"그런 쓸데없는 짓은 집어치워라!"

마츠시타 전기의 창업자 마츠시타 고노스케는 이렇게 말하며 과감히 보고서 제도를 폐지했다.

사업개혁을 시도했을 때 보고서를 작성하던 습관이 남아 사원들 사이에 자연스럽게 보고서를 작성해야 한다는 인식이 자리 잡고 있었던 것이다.

이렇듯 '근본적인 필요성을 확인하는 것'은 시간을 효율적으로 관리하는 데 굉장히 중요하다. 아는 사람 중에 자타가 공인하는 '시간관리의 박사'가 있었다. 그런데 이상하게도 그는 일을 처리하는 속도가 굉장히 느렸다. 그 이유는 그가 스케줄표를 만드는 데 지나치게 많은 시간을 소비했기 때문이다. 어이없는 일이지만 실제로 그랬다. 당신도 스케줄표를 만드느라 정작 중요한 일을 놓치지 않는가?

2.  물리학자에게 배우는 '시간을 저축하는 방법'

"어떻게 해야 가치 있는 창조를 할 수 있을까? 여러 가지 방법이 있는데 그중에서도 '시간관리법'이 가장 중요하다."
_다케우치 히도시(도쿄 대학교 명예교수)

전철 안에는 작은 우주가 존재한다

앞에서 '역사고를 토대로 자신이 해야 할 일을 그려보는 노하우'를 설명했다. 이처럼 해야 할 일을 도표로 만들어보면 전체적인 흐름을 한눈에 파악할 수 있을 뿐만 아니라 불필요한 작업을 쉽게 파악할 수도 있다.

'그럼 이제 한시름 놓을 수 있겠군요'라고 말하는 사람이 있을 것이다. 그러나 안심하기엔 아직 이르다.

자신이 해야 할 일을 그린 도표에는 '당신의 시간'으로 활용할 수 있는 중요한 시간이 계산되어 있지 않기 때문이다. 즉 당신이 '업무 시간'으로 인식하지 않는 불가항력적인 시간이 빠져 있다.

대표적인 것이 바로 출근 시간, 또는 이동하는 시간이다. 거리에 따라 편도에만 1시간 이상을 소비하는 사람도 많으며 출장이 잦은 사람일수록 이동하는 데 걸리는 시간이 늘어난다.

이 시간을 멍하니 보낸다면 그야말로 시간을 낭비하는 것이다. 그래서 시간관리 책에서는 다양한 방법을 제시하며 이 시간을 적극 활용할 것을 권유하고 있다.

그 밖에도 불가항력적인 시간은 많다.

앞의 약속과 다음 약속 사이에 기다리는 시간, 고객을 기다리는 시간, 세미나 장소에서 강사가 오기를 기다리는 시간, 중요한 자료를 다운받는 시간, 다음 일정을 대기하는 시간 등 개인적인 시간까지 포함하면 끝이 없다.

이런 시간을 '자투리 시간' 또는 '니치 타임niche time, 틈새 시간'이라고 하는데 대부분 5분 내지 10분 정도로 아주 짧다. 하지만 '티끌 모아 태산'이라고 자투리 시간을 잘 활용하면 자신의 시간을 대폭 늘릴 수 있다.

예를 들어 지금 서른 살인 세일즈맨이 예순 살까지 일할 수 있다고 하자. 통근 시간이 편도 1시간 15분, 주5일 근무제 회사에 다니고 있다면 출퇴근길에 자신의 시간으로 활용할 수 있는 시간이 얼마나 되는지 계산해 보자.

한 달에 55시간, 연간 660시간, 앞으로 30년 동안 일을 한다고 했을 때 19,800시간이 된다. 날짜로 계산하면 825일로, 약 2년 3개월이라는 엄청난 시간이다.

지구물리학 잡지인 『뉴턴』의 편집장 다케우치 히도시는 실제로 이러한 계산을 통해 다음과 같은 결론을 내렸다.

"전철 안에는 작은 우주가 존재한다."

그리고 출퇴근 시간에 할 수 있는 모든 노하우를 『나의 시간 활용술』이라는 책에 소개하고 있다. 이 책에 소개된 노하우들은 지금도 계속해서 쏟아져 나오는 수많은 '자투리 시간 활용법'의 원조라고 할 수 있다.

'책 읽기' '공부하기' '아이디어 짜기' '글쓰기' '가벼운 운동' 등 자투리 시간에 할 수 있는 일은 굉장히 많다.

해박한 지식을 가진 다케우치는 '공부의 달인'이라는 칭호에 걸맞게 백과사전을 독파하기 위해 백과사전을 얇게 분리해 가지고 다니면서 전철에서 조금씩 읽었다고 한다. 사실 백과사전과 같은 책은 여유 시간에 좀처럼 읽을 마음이 생기지 않는다. 오히려 한정된 시간에 읽기 적합한 책인지도 모른다.

10분 동안 할 수 있는 일

특히 샐러리맨들 중에는 자투리 시간을 적극적으로 활용하는 사람이 많은데, 그중에 가장 많이 하는 것이 자격증을 따기 위해 공부하는 것이다.

능력을 우선시 하는 시대의 흐름을 반영하듯 자격증 시험에 대비한 문제집이나 테이프를 듣는 등, 전철 안에서 공부를 하는 사람이 늘고 있는 추세다. 더 좋은 경력을 만들고자 하는 샐러리맨들의 피나는 노력을 그대로 보여준다. 그런데 '자투리 시간'에 공부를 한다고 해서 다 같은 효과를 얻을 수 있는 것은 아니다. 더욱 효과적으로 공부하려면 먼저 최종 목표를 머릿속에 그려야 한다. '역사고'를 하느냐, 그렇지 않으냐에 따라 효율에 큰 차이가 생긴다.

예를 들어 자격증을 따려면 어떤 공부를 해야 할까? 실전 감각을 익히기 위해 듣기 연습을 하거나 기출 문제를 푸는 방법도 있고, 또 단순히 암기하는 방법도 있을 것이다.

한마디로 '공부'라고는 하지만 실제로는 많은 작업을 하고 있는 셈이다.

자투리 시간이 몇 분밖에 되지 않을 때 기출 문제를 풀면 어떻게 될까? 시간 내에 문제를 풀면 다행이지만 그렇지 못했더라도 멈춰야 한다. 그리고 다음 자투리 시간에 미처 풀지 못했던 문제를 처음부터 다시 풀어야 한다.

반대로 암기 카드에 적어놓은 단어를 외우는 작업은 5분이면 5분, 10분이면 10분, 좋을 대로 자투리 시간을 확실하게 활용할 수 있다. 단, 주의할 점은 암기는 지속적으로 하지 않으면 금방 잊어버리므로 반복하는 것이 중요하다. 즉, 오늘은 이 단어를 외우고, 내일은 저 단어를 외우고 몇 주 동안 단어를 외웠다면 확실하게 기억하기 위해 처음부터 반복해야 한다.

즉 최종 목표를 우선 상정하고 미리 '자투리 시간'에 할 수 있는 가장 적합한 일을 찾는 것이 중요하다. 그래야 짧은 자투리 시간을 활용하여 목표를 달성할 수 있다.

아무리 바빠도 하고 싶은 일을 할 수 있다

그런데 다케우치는 왜 '출퇴근 시간에 할 수 있는 일'을 모색해 왔을까? 이유는 단순하다. 그가 매우 '바빴기 때문'이다.

대학교수라고 하면 왠지 샐러리맨들과는 달리 자유롭게 느껴진다. 그러나 다케우치는 지구물리학의 권위자로서 명성을 갖게 되자 평소 꿈꿔왔던 계몽 활동을 적극적으로 펼치며 잡지 『뉴턴』을 창간하는 데 전력을 기울였다. 그리고 죽는 날까지 편집장으로 일했다. 또한 해설자로 수많은 텔레비전 방송에 출연했고 책을 300권 이상 집필했다.

교수와 저자로만 활동했다면 시간을 분배하기도 쉬웠겠지만 잡지 편집장이라는 직업은 '구속되는 시간'이 많다. 이것은 어떤 의미에서 회사에 다니는 샐러리맨과도 같다.

게다가 텔레비전 방송이 있을 때는 '구속되는 시간'이 더욱 늘어난다. 즉 잡지와 텔레비전이라는 매스컴에 관련된 일을 처리하는 시간을 확보하는 동시에 본연의 일인 교수로서 연구할 시간, 저자로서 집필할 시간도 확보해야 했다. 그래서 출퇴근 시간을 철저하게 활용하게 된 것이다.

그는 출퇴근 시간뿐만 아니라 모든 자투리 시간을 유용하게 활용했다. 『머리를 좋아지게 하는 나만의 방법』에서 그 노하우를 소개하고 있는데, 그는 자투리 시간을 활용하여 책을 쓴다고 한다.

'그게 정말 가능할까?'

소설가 중에는 호텔에 틀어박혀 외부와 연락을 끊은 채 원고를 쓰는 사람도 있다. 가끔 '이게 아니야' '이러면 안 되지'라며 원고지를 구겨 신경질적으로 쓰레기통에 던져넣기도 할 것이다. 집중력이 있고 생각할 시간이 있는 사람이라면 문제가 되지 않는다. 하지만 그럴 시간이 없다면 '역사고'를 활용해 다케우치의 방법을 살펴보자.

우선 최종 목표인 책 한 권을 원고지로 환산하면 얼마나 되는지 계산해 본다. 책에 따라 차이는 있지만 다케우치는 대략 400자 원고지 300장을 한 권으로 잡고 있다. 400자 원고지 300장이면 12만 자가 된다. 한 면에 600자가 들어간다고 하면 200쪽 분량의 책이 된다.

다케우치는 책 한 권을 100개의 주제로 나누었다. 대개 책 한 권의 소제목은 100개 정도가 되는데 원고지 300장을 100으로 나누면 하나의 주제가 3장으로 이루어진다.

원고지 3장을 쓰는 작업을 100번 나눠 함으로써 한 권의 책을 쓴다는 발상이다. 대략 하나의 주제에 대해 쓰는 데 15분 정도 걸렸다고 하니 15분의 자투리 시간이 100번 있었다고 생각하면 굉장히 간단하다.

적극적으로 자신의 시간을 만들어라

시간관리를 잘하는 사람은 시간을 '양'으로 생각한다. 반대로 시간관리를 잘 못하는 사람은 '점에서 점' 즉 '수치'로 생각하는 경향이 강하다.

진학 학원에서는 수험생들에게 디지털 시계가 아닌 아날로그 시계를 사용하도록 권유하고 있다. 그 이유는 시간을 수치가 아닌 양으로 파악하기 위해서이다. 시간을 양으로 파악해야 문제를 푸는 데 걸리는 시간을 계산할 수 있다.

'자투리 시간'도 마찬가지다.

11시 50분부터 12시 사이를 단순히 점과 점의 연결로 생각하면 이 시간에 뭔가를 할 수 있을 거라는 생각조차 못한다. 그러나 양으로 생각하면 시간을 저축하고 늘려 자신의 시간을 만들겠다는 발상이 나온다.

중요한 것은 시간을 '수치'가 아닌 '양'으로 생각하는 것이다. '자투리 시간' 하나하나는 짧아도 그것을 모두 모으면 엄청난 양이 된다. 그 양을 축적해 가면 시간이 아무리 많이 걸리는 일도 '자투리 시간'만으로 충분히 처리할 수 있다.

실제로『출퇴근 10분의 힘』이라는 책을 쓴 비즈니스 컨설턴트 나카지마 다카시는 10분을 활용해 다음과 같은 일을 할 수 있다고 한다.

- 공부 – 영어 단어장 등 미리 만들어놓은 암기 카드를 반복해서 암기한다.
- 자기계발 – 잡지나 단행본, 신문을 읽는다.
- 실무 – 교통비를 정산하거나 보고서의 대략적인 틀을 잡는다.
- 정보 수집 – 주위 사물 등을 주의 깊게 관찰한다.
- 기획 – 정보가 될 수 있는 것들을 수집한다.
- 사색 – 안정을 취하고 명상을 통해 당면한 문제를 어떻게 처리할지 생각한다.
- 인맥 – 휴대전화나 PDA 등으로 메시지를 보낸다.
- 영업 – 가지고 있는 편지나 엽서로 인사장 등을 쓴다.

나카지마 다카시와는 평소 친분이 있는데 그는 지금까지 책을

100권 이상 집필했다. 그는 샐러리맨으로 회사에 근무할 때부터 책을 썼는데 처음부터 끝까지 출퇴근하는 전철 안에서 집필했다고 한다. 그가 잘나가는 세일즈맨으로서 눈코 뜰 새 없이 바쁜 와중에도 글을 쓸 수 있었던 것은 역사고를 통해 자투리 시간을 효율적으로 활용했기 때문이다.

자투리 시간을 모아서 뭔가를 할 수 있는 시간을 늘린다는 의미에서 자투리 시간을 활용하는 것은 시간을 저축하는 것이라고 할 수 있다. 그래서 한 가지 일에 사용되는 시간을 머릿속으로 철저히 계산하고 관리하는 것은 시간을 효율적으로 관리하는 데 매우 중요하다.

다케우치 히도시는 그런 면에서 유별났던 것 같다.

어느 날 다케우치를 취재하기 위해 그의 연구실로 NHK 아나운서가 방문했다. 아침 9시부터 취재를 시작하여 정오가 되자 어딘가에서 자명종이 울렸다. 그러자 그는 "자, 종이 울렸으니 점심식사나 합시다"라며 조금도 주저하지 않고 일을 중단했다. 그리고 곧바로 식사할 준비를 하기 시작했다.

아나운서는 어이없다고 생각하면서도 취재하는 대상이 그렇게 나오니 따를 수밖에 없었다. 그래서 주섬주섬 짐을 정리하고 식사를 한 후 잠시 쉬는 시간을 가졌다.

그러는 사이 일과는 전혀 상관없는 이야기로 화기애애한 분위기가 만들어졌다. 그런데 이야기가 무르익는가 했더니 또 어디

선가 1시를 알리는 자명종이 울렸다. 그러자 이번에도 다케우치는 아무렇지도 않은 듯이 "자, 이제 다시 취재를 시작해 볼까요?"라며 이야기를 중단했다.

아나운서는 그의 이러한 행동을 보고 두 손 두 발 다 들었다고 한다. 그리고 취재가 얼추 끝나고 가벼운 마음으로 잡담을 하고 있는데 이번에는 4시 30분을 알리는 자명종이 울렸다. 그는 이번에도 여지없이 "자, 이제 가야 할 시간입니다. 그럼 먼저 실례하겠습니다"라며 서둘러 짐을 챙기고 아나운서만 홀로 남겨놓은 채 나가버렸다고 한다.

다른 사람들이 보기에는 황당하겠지만 어쨌든 그는 철저한 시간관리로 한 가지 일에 걸리는 시간을 조절하며 엄청난 양의 일을 동시에 병행할 수 있었다.

돈을 빌리면 이자를 지불해야 하듯이 시간도 마찬가지다.

자투리 시간을 활용해 글을 쓰기로 마음먹었다면 어떻게 해서든 밀고 나가야 한다. 다른 일에 마음이 빼앗겨 몇 달째 손도 대지 못하고 있다면 그건 핑계에 지나지 않는다. 이자를 지불하고서라도 필요한 곳에 돈을 써야 하듯이 시간도 그만한 대가를 치르고서라고 필요한 일에 사용해야 한다.

항상 '자신이 어떤 일에 얼만큼의 시간을 사용하고 있는가?' '어떤 일에 얼만큼의 시간이 필요한가?'를 염두에 두기 바란다.

5~10분간의 자투리 시간을 '보존하고' '저축하여' 사용한다
→ '시간 저축'을 유효하게 활용한 사례

■ 오전 자투리 시간 활용 사례

8:15—8:45		12:50—13:00	14:00—14:05	
근무지로 이동하는 시간	직장에서 근무하는 시간	점심식사 후 갖는 휴식 시간	일하는 중간중간 쉬는 시간	
★ 전철이나 버스에서 '공부'		★ 휴게실에서 '자기계발'	★ 휴게실이나 밖에서 '인맥 쌓기'	

■ 오후 자투리 시간 활용 사례

14:45—15:00	15:05—15:15		16:00—16:10	16:15—16:30	
거래처로 이동하는 시간	거래처에서 고객을 기다리는 시간	고객과 미팅	다른 근무지로 이동하는 시간	고객을 기다리는 시간	고객과 협의
★ 전철이나 버스에서 '사색'	★ 커피숍 등에서 '기획'		★ 이동하면서 '정보 수집'	★ 기다리는 시간에 '영업'	

■ 저녁부터 밤까지 자투리 시간 활용 사례

17:30—17:50		18:45—19:00	19:10—19:40
직장으로 돌아가는 시간	직장에서 근무하는 시간	프린트 하는 시간이나 전화 연락을 기다리는 시간	집으로 돌아가는 이동 시간
★ 전철이나 버스에서 '사색'		★ 책상 앞에 앉아 '실무'	★ 전철이나 버스에서 '집필'

최종 목표 : 전략에 맞춰 일을 처리해 나간다.

3  장기의 천재에게 배우는 시간관리술

"창조란 생략이다."
_하부 요시하루(프로 장기 기사)

자료를 찾는 시간을 줄여라

처음에 시간관리술을 한마디로 요약해 '낭비를 찾아 배제하는 방법'을 살펴보았고, 두 번째는 이른바 '낭비라고 생각되는 시간을 필요한 일에 활용하는 방법'을 알아보았다.

이번에는 새로운 관점으로 시간관리술에 접근해 보려고 한다.

당신은 정보를 어떻게 관리하는가?

'그 자료를 어디에 뒀더라?'

'OO 담당자 연락처가 어디 있지? 분명히 명함을 받긴 했는데……'

자료를 찾는 데 드는 시간이 어느 정도나 되는가?

'항상 책상 주변에 자료가 어질러져 있다.'
'서랍을 정리하다 보면 불필요한 서류가 많이 들어 있다.'
'컴퓨터에 각종 데이터가 잔뜩 저장되어 있다.'
'집에는 불필요한 책이나 잡지가 여기저기 쌓여 있다.'

그렇다면 당신은 분명 불필요한 일에 시간을 낭비하게 될 것이다. 오늘날에는 가만히 있어도 정보가 끊임없이 들어온다. 필요로 하는 양보다 훨씬 방대한 양의 정보가 매일같이 쏟아지다 보니 어찌 보면 당연한 일인지도 모르겠다.

정리기술 카운슬러 회사의 CEO이며『정리기술 단순한 삶을 위한 새로운 전략』의 저자인 리즈 데번포트 박사는 비즈니스맨은 연간 150시간을 자료를 찾는 데 허비하고 있다고 말했다. 하루 근무 시간을 7시간이라고 하면 매년 대략 21일을 낭비하는 셈이다. 결코 무시할 수 없는 시간이다.

그래서인지 '정리기술'에 관한 책이 많이 출간되고 있다. 그렇다면 정리만 하면 모든 것이 해결될까? 꼭 그렇지만도 않다.

예전에 같이 일하던 회사 동료는 결벽증이라고 할 만큼 정리벽이 심했다. 책상은 항상 깔끔하게 정리되어 있어 마치 빈 책상 같았다. 자료는 깨끗하게 정리해 파일에 꽂아두었고 책상에는 색색의 파일이 깔끔하게 진열되어 있었다.

그런데 막상 'OO 자료 좀 보여줄래?'라고 부탁하면 그 자료가 어디에 있는지 알지 못했다. 나름대로 종류별로 분류도 하고 중요한 자료는 따로 묶어 정리해 두었지만 문제는 자료를 정리한 본인이 자료가 어디 있는지 찾지 못한다는 것이었다. 결국 내가 찾아내는 편이 빨랐다. 게다가 이런 일이 자주 있었다.

데번포트 박사에 의하면 비즈니스맨은 하루에 평균 190개의 정보를 받아들인다고 한다. 그에 비해 인간이 짧은 시간 안에 기억할 수 있는 양은 7개가 한계라고 약학박사인 이케가야 유이치는 지적하고 있다.

인간이 생각하고 처리할 수 있는 문제는 아무리 노력해 봐야 한 번에 하나씩이다. 그래서 주의를 기울이지 않으면 금방 잊어버린다.

처리해야 할 일이 있을 때, 그 일과 전혀 상관없는 일에서 좋은 아이디어가 떠오르거나 갑자기 좋은 아이디어가 떠올랐는데 미처 메모를 하지 못해 아이디어를 아깝게 날린 경험이 누구나 있을 것이다.

정보를 버릴수록 시간은 늘어난다

어마어마한 양의 정보를 처리해야 하는 것은 비단 비즈니스 현장에서뿐만이 아니다. 장기將棋만 해도 그렇다.

컴퓨터가 발달하면서 장기의 세계도 크게 변화했다. 오늘날에는 장기 프로그램이 개발되어 컴퓨터를 이용해 다양한 대전이 펼쳐진다.

'이 말을 이렇게 두면 어떤 상황이 벌어질까?' 등 복잡한 시뮬레이션이 가능해지면서 상대의 다음 수를 예측할 수 있고 그에 대응한 대책을 세울 수 있다.

그러다 보니 장기 기사가 정보를 얻는 방법도 다양해졌으며 대전을 앞두고 엄청난 양의 데이터를 분석하며 실전에 대비한다.

천재 기사로 불리는 하부 요시하루는 적게는 1천 수에서 많게는 2천 수까지 예측할 수 있다고 한다. 여기에 하부가 세운 예측 데이터를 삽입하면 분명 엄청난 양이 된다.

'그거였군. 뭐, 별것도 아니네'라고 생각하는 사람도 있을 것이다.

하부는 그런 대량의 정보를 구사하는 데 연연하기보다는 다음에 둘 한 수에 전념하는 것이 중요하다고 말한다.

그렇다면 대량의 정보에서 필요한 한 수를 결정하는 요령은 무엇일까? 하부는 『간단하고 단순하게 생각하라』는 책에서 이렇게 말하고 있다.

"장기 두는 법을 적은 책은 계속 늘어나기 때문에 그것을 전부 볼 수는 없다. 그러므로 어떤 것을 보는가가 중요하다. 즉 엄청난 양의 정보 중에서 자신에게 필요한 정보를 얻으려면 우선 불필요한 것을 버려야 한다."

실전에서도 하부는 순간적으로 떠오르는 순서대로 아닌 수를 버리고 마지막에 남은 결정적인 한 수를 둔다고 한다. 뛰어난 판단력 덕에 그는 '장기의 천재'라는 칭호까지 얻게 되었다.

하부에게서 배울 수 있는 것은 필요한 순간에 수많은 정보 중에서 필요한 정보를 골라내는, 시간적 손실을 없애는 것이 일의 속도를 높이는 열쇠라는 것이다. 우리는 자료나 신문, 모든 데이터, 서적, 메모를 보며 '이게 중요한가?'를 판단한다. 중요도에 따라 서랍 속으로 들어갈 수도 있고 책상 위에 자리 잡을 수도 있다. 그런데 중요성을 따지다 보면 점차 당신 주변에 낭비가 늘어난다.

이를 방지하려면 어떻게 해야 할까?

방법은 간단하다. 중요성보다 '무엇을 버릴까?'를 먼저 생각하면 된다. 장기의 천재 하부는 버리는 발상을 통해 '절대로 버릴 수 없는 수'를 찾는다고 한다.

정리의 원칙 (1) 버릴 수 없는 것만 남겨라

'버릴 수 없는 것'을 기준으로 정보를 수집하는 방법은 굉장히 간단하다. 우선 자동적으로 버릴 것은 버리고 남은 것 중에서

'버릴 수 없는 것'만 유출해 가면 된다.

베스트셀러『버리는 기술』다츠미 나기사을 보면 그 자리에서 바로 버려도 좋은 것, 특히 내용을 검토할 필요조차 없는 것으로 다음과 같은 것을 들고 있다.

DM다이렉트 메일, 전단광고 / 청구서, 명세서 / 업무 서류 / 세일즈맨에게 받은 팸플릿, 카탈로그 / 책, 잡지 / 편지연하장 / 사진필름 및 인화된 사진 / 비디오테이프, 카세트테이프 등 / 디스크 등 기억매체 / 간이영수증 / 박스에 넣어둔 의류, 일용품 / 상품 포장 상자 / 도시락에 붙어 있는 젓가락, 스푼, 간장통 등 / 토산물, 기념품, 답례품, 선물 / 이 빠진 식기, 잘 안 나오는 펜, 끝이 닳은 드라이버 등 / 대용품이 있는 낡은 가전, 가구, 냄비, 도구류 / 남은 반찬 / 유통기한이 지난 식품, 유통기한이 코앞인 식품 / 냉장고 내용물

시간이 지나거나 일이 진행되면서 '버릴 수 있는 것'이 속출한다. 그것들을 버리는 과정을 미리 계산해 두면 효율을 높일 수 있다.

실제로『그래서 정리하지 않는데도 시간이 없다』마릴린 폴에서 제시한 정리술을 보면 '그 자리에서 바로바로 판단'하는 과정을 체계화하는 것을 중시하고 있다.

'책상'을 예로 들어 보자.

(1) 일을 한다. → (2) 책상이 지저분하다. → (3) 책상 위를 정리한다. → (4) 책상이 깔끔하게 정리되었다. → (5) 일을 시작한다. →……

이처럼 바로 판단하고 실행에 옮기는 습관을 익혀라. 세 번째 단계에서 버릴 수 있는 것은 버려라. 그러면 새로운 일을 시작할 때는 낭비가 철저하게 배제된 효율적인 환경이 만들어질 것이다.

'버려라'고는 했지만 좀처럼 버릴 수 없는 것도 많을 것이다. 하지만 간단하게 생각하라. '필요한가? 그렇지 않은가?' 이 두 가지만 생각하면 과감하게 버릴 수 있다.

그래도 언젠가는 필요할 것 같거나 기념으로 남기고 싶은 것이 있다. 앨범이나 서류가 그러한데 이것들은 먹다 남은 반찬과는 다르다. 그렇다면 이런 것들은 어떻게 해야 할까?

1장과 2장에서 다룬 두 가지 방법을 떠올려보라. 그러면 이 일에 필요한 정보는 ○○라는 식으로 필요한 정보를 미리 선별할 수 있고 자료를 효율적으로 정리할 수 있다.

필요한 정보를 미리 정해서 효율적으로 정리하라. 정보를 정리하는 데 시간을 낭비하는 것이 아니라 정보를 수집함으로써 낭비를 없애는 것이다.

정리의 원칙(2) 현재를 관리하라

여기에서 다시 '역사고'를 활용해 보자.

왜 정리를 해야 하는가?

'지금 해야 할 일을 효율적으로 하기 위해서'이다.

지금 하는 일에 도움이 되는 정보나 그 밖에 다른 것을 가지고 있다면 별 문제 없다. 그리고 지금은 도움이 되지 않는 것들이 어딘가에 대량으로 쌓여 있더라도 폐를 끼치지 않는 한 문제가 되지 않는다. 실제로 장기의 명인 하부는 시합이 코앞에 닥치면 긴장이 돼서 일부러 숙소를 어지럽힌다고 하니 심리적인 문제라고도 볼 수 있다.

이러한 점을 고려할 때 '정리'라는 것에는 두 가지 요소가 있다는 것을 알 수 있다.

(1) 자기 주변에 '지금 필요한 것'을 갖춘다.
(2) '지금 필요하지 않은 것'을 효율적으로 보존 혹은 처분한다.

앞에 소개했던 열심히 서류를 정리하면서도 필요할 때 신속하게 찾지 못했던 그 사람은 지금 필요하지 않은 것을 효율적으로 보존하는 데만 신경을 쓴 나머지 필요한 것을 자기 주변에 갖추어 놓지 못했다. 많은 '정리 노하우'에서도 이 같은 오류를 범하고 있다.

 그러므로 '정리의 달인'이라고 불리는 사람보다 어지럽혀진 방에서 일을 하는 사람이 더 효율적일 때도 있다. 비록 방은 어지럽혀져 있어도 '지금 필요한 것이 무엇인지' 정확하게 파악하고 있기 때문이다.

 지금 필요한 것이 무엇인지를 파악하려면 리즈 데번포트 박사가 제창한 '관제탑'을 만드는 것이 중요하다. 어디에든 좋으니 지금 하는 일 또는 오늘 해야 할 일에 필요한 것을 리스트로 만들어 항상 눈에 띄는 곳에 붙여두자.

 지금 해야 할 일을 시작하기 전이나 아침, 일을 하기 전에 필요한 것을 모두 역산하여 선별해 둬라. 부족한 것이 있으면 잊어버리지 않도록 메모하고 무엇보다 '필요 없는 것은 없애는 것'이 중요하다.

 자료를 분류해서 보관해 두는 것도 좋다. 필요한 자료는 '현재 진행 중인 파일'에 관리하고 나머지는 책상 위에 '현재 진행 중인 코너'에 보관한다. 그리고 일이 완료되면 정리하여 처분하거나 따로 보관한다. 이 정도로만 정리해도 자료를 찾는 데 걸리는 시간을 훨씬 단축할 수 있다.

 특히 이런 식으로 정리하면 컴퓨터에 저장되어 있는 정보를 효율적으로 관리할 수 있다. 하드디스크의 용량이 크므로 몇천 권의 책에 해당하는 정보를 모두 저장할 수도 있다.

하지만 컴퓨터는 자료를 저장하기 위한 기계가 아니다. 원래는 실시간으로 정보를 처리하기 위한 기계이다. 메모리 용량이 충분하다면 낡은 데이터가 아무리 많아도 컴퓨터가 작동하는 데 별 문제가 없지만 필요한 정보를 찾을 때 시간이 많이 걸린다.

그래서 나는 '현재 진행 중인 폴더'를 만들어 그 안에서만 작업을 한다. 그리고 그 폴더 안에 '이미 사용한 자료'라는 폴더를 만들어 사용한 자료는 그때그때 그쪽 폴더로 옮겨놓는다.

이런 식으로 필요한 것만 보이는 상태를 만들어 효율적으로 일을 진행하면 시간이 훨씬 절약된다.

오래된 것은 모두 파기하라

그 다음으로 '지금 필요하지 않은 것'을 효율적으로 보존, 또는 처분하려면 어떻게 하는지 알아보자.

말로는 '쌓아두어도 좋다'고 했지만 놔두면 이것들이 점차 당신의 책상과 방을 점령해 버릴 것이다. 그러므로 언젠가는 처분해야 한다.

결론부터 말하면 사용하지 않는 자료는 버리는 것이 좋다. 나도 기념품을 많이 남기는 편인데 독립하면서 대학 졸업논문 자료와 전에 다니던 회사, 그 전 회사에서 쓰던 물건들을 과감히

버렸다. 그러자 몸과 마음이 홀가분해졌다.

마츠시타 전기산업은 '오래된 것은 모두 파기하라'는 슬로건으로 신감각 회사를 만들어 멋지게 성공을 거두었다. 필요한 것은 오직 마츠시타 고노스케의 사상뿐이며 나머지는 전부 버려도 좋다는 생각으로 지금은 살벌한 경쟁에서 살아남을 수 있는 강인한 회사로 체질을 개선했다.

그야말로 '심플 싱킹Simple Thinking'의 승리라고 할 수 있다.

'심플 싱킹'Simple Thinking, 단순하게 생각하기이라는 용어는 시간관리의 세계적인 권위자로 알려진 독일의 심리학자이자 베스트셀러 『단순하게 살아라』의 저자 로타 J. 자이베르트가 정의한 것이다. 그 취지는 다음과 같다.

"정말로 필요한 것만 단순하게 생각하는 것이 쾌적한 환경을 만든다."

단순하게 생각하면 꼭 필요한 것만을 추구할 수 있다.

그래도 '서류' 같은 건 버리기 힘들다고 말하는 사람도 많을 것이다. 나도 좀처럼 서류를 버리지 못했다. 그러던 것이 최근 들어 중고책방 덕분에 쉽게 처분할 수 있게 되었다.

간혹 이미 팔아버린 책을 다시 사야 하는 사태가 벌어지기도 하지만 시간을 돈으로 샀다고 생각하면 결코 손해 보는 일은 아니다.

제3장

시간 뇌를 사용하는 방법

1 시간에 구속되지 않고 일하는 법

"인간은 그 자신이 무한한 열정을 품고 있는 일에는 대부분 성공한다."
_찰스 슈왑(베들레헴 스틸의 창업자)

가장 중요한 일을 가장 먼저 하라

제1장에서 이미 설명했듯이 '시간 뇌'란 '시간에 구속되지 않고 시간을 관리하는 사고방식'을 말한다. 이것과 연관해서 이번 장에서는 일의 '우선 순위'에 대해 생각해 볼 것이다.

종이 한 장을 꺼내 당신이 지금 가장 먼저 해야 할 일을 적어 보자.

'왜 또 이런 쓸데없는 작업을 하라는 거야?'라고 생각하는 사람도 있겠지만 일단 종이에 가장 먼저 해야 할 일을 적었다면 지금 당장 실행에 옮겨라.

이것이 바로 우선 순위에 대한 설명의 전부이다. 우선 순위란 가장 중요한 일을 가장 먼저 실행에 옮기는 것이다. 너무나 간단하다. 그런데 안타깝게도 많은 사람들이 이 간단한 법칙을 따르지 못하고 있다.

왜일까? 이렇게 간단한 일을 우리는 왜 하지 못하는 걸까?

그 이유는 크게 3가지로 생각해 볼 수 있다.

(1) 심리적인 문제 – 중요성은 알고 있지만 마음이 내키지 않아서 좀처럼 실행에 옮길 수 없다.
(2) 인간관계의 문제 – 상사에게 다른 업무를 지시받아서 하고 싶은 일을 먼저 할 수 없다.
(3) 의사결정의 문제 – 무엇을 가장 먼저 해야 할지 판단을 내릴 수 없다.

3가지 이유 중에서 첫 번째인 심리적인 문제는 적어도 중요한 것이 무엇인지를 스스로 인식하고 있기 때문에 그다지 크게 문제가 되지 않는다. 그러므로 일을 실행하고자 하는 의욕만 있으면 극복할 수 있다.

'의욕'에 대해서는 제5장에서 다시 생각해 보기로 하겠다. 다만 한 가지 주의할 것은 중요한 일을 실행에 옮기기 전에 워밍업으로 간단한 일을 먼저 처리한다고 해서 우선 순위가 번복되거나 일을 이중으로 하는 것은 아니라는 점이다. 오히려 간단한 워밍업을 통해 중요한 일을 더욱 성공적으로 처리할 수 있다.

상사에게 다른 업무를 지시받은 경우인 두 번째 문제도 해결 방법이 간단하다. 우선 현재 상황을 긍정적인 시각으로 보면 상사가 지시한 업무로 우선 순위가 변경되었다고 생각할 수 있다. 이 경우 상사는 부하직원이 거부감 없이 우선 순위를 바꿔 실행에 옮길 수 있도록 그 일을 우선 해야 하는 이유를 확실하게 밝혀야 한다. 그래야 비로소 상대가 수긍하고 지시 내린 일에 전념할 수 있기 때문이다.

물론 그렇지 않은 경우도 있다. 우선 순위를 혼란스럽게 하는 상사의 불필요한 지시에 대응해야 할 때도 있다. 이 경우 먼저 이미 진행하고 있는 일에서 좋은 성과를 보여줌으로써 문제를 해결하는 방법이 있다. 이 부분에 대해서는 나중에 다시 자세히 다루기로 하겠다.

문제는 세 번째인 무엇을 가장 먼저 해야 할지 판단을 내릴 수 없는 경우이다. 자칫하면 중요한 일을 시작조차 못할 수도 있다. 이런 사태가 벌어지는 이유는 '가장 중요한 것'이 아닌 그저 '중요한 것'을 찾으려고 하기 때문이다.

이러한 시행착오에 빠지기 쉬운 것으로 'ABC 분류'라는 것이 있다. 요컨대 A는 반드시 처리할 일, B는 가능하면 처리할 일, C는 기분 전환 겸 처리할 일로, 일의 중요도를 ABC로 나누는 방법이다.

그럼 과연 A와 B의 경계가 무엇일까? 그것은 아무도 모른다.

이것을 구분하는 지표로 앞에서 말한 '팔레트 법칙'이 사용되기도 하지만 '일'이라는 것은 우리가 생각하는 것보다 훨씬 복잡하게 얽혀 있다. C에 속한 일은 하지 않는 편이 좋다고 생각하는데 모든 '일'은 나름대로 중요하다. 또 그래야만 한다. 남의 눈에는 낭비처럼 보이는 일도 당사자에게는 중요한 일이다. '우선 순위'를 정하려면 그중에서도 가장 중요한 것을 선별할 줄 알아야 한다.

대부호의 2만 5천 달러짜리 아이디어

'아이비 리의 2만 5천 달러짜리 아이디어'는 거액의 부를 쌓은 철강왕 찰스 슈왑이라는 인물의 성공담으로 유명한 이야기이다.

어느 날 찰스 슈왑은 전설적인 경영 컨설턴트 아이비 리와 대면하게 되었다.

"사장님, 속는 셈치고 저를 베들레헴 스틸의 컨설턴트로 받아주십시오. 어떻게 하면 경영자로 성공할 수 있는지 그 방법을 알려드리겠습니다."

"마침 잘 오셨소. 우린 시간이 그리 많지 않습니다. 하지만 무엇을 해야 할지는 이미 잘 알고 있소. 시간이 없어서 할 수 없었던 일을 할 수 있게 도와준다면 기꺼이 당신을 받아들이겠소."

당시 슈왑 사장에게는 시간이 절실하게 필요했다.

이때 아이비 리는 이렇게 대답했다.

"그것이라면 제게 맡겨주십시오. 대가는 지금 받지 않겠습니다. 다만 제가 제안하는 방법의 효과를 인정하신다면 추후에 그에 합당한 대가를 지불해 주십시오."

그리고 아이비 리는 '2만 5천 달러짜리 아이디어'라고 불리는 우선 순위 결정 방법을 슈왑에게 전수해 주었다.

"방법은 간단합니다. 하루를 시작할 때 해야 할 일 가운데 가장 중요한 여섯 가지 일을 번호를 매겨 정리하십시오. 그리고 첫 번째 업무부터 순서대로 처리하십시오. 첫 번째 업무가 끝나면 나머지 항목을 다시 평가하여 순서를 바꿔야 할 것이 없는지 확인하십시오. 이어서 두 번째 업무로 넘어가고, 그 일이 끝나면 재평가를 내린 다음 세 번째 업무를 처리하십시오. 하루에 여섯 가지 일을 모두 끝내지 못했다고 해서 걱정할 필요는 없습니다. 다른 방법으로 일했어도 다 끝내기는 어려웠을 겁니다. 그나마 가장 중요한 일을 끝냈거나 진행 중인 셈이니 그것으로 충분합니다."

몇 달이 흐르고 슈왑 사장은 다음과 같은 메모를 아이비 리에게 보냈다.

"지금까지 내가 받아본 아이디어 중에서 가장 값진 것이었습니다."

그리고 2만 5천 달러짜리 수표를 아이비 리에서 지불했다. 2만 5천 달러라는 금액은 당시 자동차 8대를 살 수 있는 파격적인 금액이었다.

'가장 중요한 일부터 처리한다'는 아이비 리의 발상은 앞에서 이야기한 '가장 중요한 일을 가장 먼저 실행에 옮긴다'는 '우선 순위' 방법과 본질적으로 같은 것이다. 이 방법은 간단하면서도 상당히 효과적이다.

사실 '우선 순위'를 매기는 기준은 매우 주관적이다. 그러나 당사자가 일의 중요도를 분명하게 인식하고 우선 순위를 매겨 실행에 옮긴다면 반드시 성공할 수 있다.

머릿속으로 절차를 그려라

아이비 리가 제시한 아이디어의 이점은 '매일 우선 순위를 다시 매긴다는 것'이다. 다시 말해 '우선 순위'는 얼마든지 바뀔 수 있다.

일을 하다 보면 가장 먼저 해야 할 일로 정해 놓은 것보다 먼저 처리해야 할 일이 시시각각 발생한다. 대표적인 예로 갑작스런 고객의 클레임을 신속하게 처리해야 할 때가 있다. 고객은 계속해서 불만을 터트리고 화가 단단히 난 상사는 어서 빨리 해결하라고 재촉한다.

'지금 하던 일은 어쩌란 말이야?'라고 고객의 클레임을 우선순위대로 일을 진행하는 데 방해가 되는 요인으로 생각하는 사람이 있는데 절대 그렇지 않다. 이 경우 우선 순위가 바뀌었을 뿐이다. 돌발 상황이라고 해서 손 놓고 있어서는 안 된다. 세상은 끊임없이 변하므로 거기에 따라 유연하게 대처하는 것은 당연하다. 이러한 변화에 대응하지 못하는 사람은 머릿속에 '절차'를 그려넣지 못하기 때문이다.

'어떤 일이 있어도 한번 정한 절차는 그대로 밀고 나가야 하는 거 아닌가요?'라고 말하는 사람이 있는데 그렇지 않다. 절차는 단순히 당신이 멋대로 만든 순서나 설계도가 아니다. 항상 행복한 결말을 미리 정해 두어야 한다.

예를 들어 고객이 클레임을 제기했다고 하자. 'A'라는 고객과 'B'라는 고객이 있는데 그중에서도 'A'라는 고객이 제기한 클레임을 처리하는 일이 급선무다.

냉철하고 좀처럼 부하직원을 칭찬할 줄 모르는 상사 'C'와 당신을 남몰래 지켜보는 'D'라는 여직원이 있다.

당신의 판단대로 우선 순위가 높은 'A'의 클레임에 신속하게 대처하느라 'B'의 클레임을 무시했다면 어떤 일이 벌어질까?

당신이 'A'를 방문하러 간 사이 화가 잔뜩 난 'B'를 상대하게 된 여직원 'D', 'D'를 돕기 위해 상사 'C'까지 나서 보지만 분노가 극에 달한 'B'는 '이렇게 무책임하게 나올 줄은 몰랐소. 정말 실망이오'라며 돌아가버렸다.

'A'의 클레임을 원만하게 처리하고 가벼운 마음으로 사무실에 돌아온 당신은 'C'의 꾸지람을 듣게 될 것이다. 그리고 남몰래 당신을 흠모하던 'D'도 당신의 무책임한 행동에 실망하여 다른 사람에게 마음을 돌려버릴 것이다.

그런데 해피엔딩으로 결말을 맺으려면 이와는 다른 절차로 이야기를 진행해야 한다.

'A'와 'B'로부터 클레임이 들어온 시점에서 일단 'B'의 분노를 잠재우고 이해를 구한 다음 신속하게 'A'의 클레임을 해결한다. 'D'는 당신을 존경하게 될 것이고 문제를 해결하고 돌아온 사무실에서는 'C'가 대견한 얼굴로 '이제 자네도 진정한 세일즈맨이 되었군'이라며 당신을 맞을 것이다. 그야말로 누구나 바라는 해피엔딩이다.

조금 비약적이기는 하지만 성공한 사람은 이러한 절차를 머릿속에 그리고 그때그때 상황에 맞춰 '우선 순위'를 수정한다.

'절차'란 결코 일을 빨리 끝내는 것이 아니며 미리 정해 놓은 대로 곧이곧대로 일을 진행시키는 것도 아니다. 어떤 상황에서든 신속하게 가장 중요한 일을 처리하고 효율적으로 최종적인 목표를 이루기 위한 것이다.

그렇다고 모든 돌발 사항을 가장 먼저 처리해야 하는 것은 아니다. 때로는 상사가 불필요한 일을 지시할 때도 있다. 이때는 그냥 '넘어가는 것'이 상책이다. 도쿄 대학교 대학원 교수인 다카하시 노부오는 『일 잘하는 사원은 능숙하게 대처한다』에서 일을 잘하는 사람은 이러한 상황을 오히려 기회로 삼을 줄 안다고 말했다.

상사가 불필요한 일을 지시하면 일단 '네, 알겠습니다'라고 말한 뒤 자신이 가장 먼저 해야 할 일이라고 판단되는 일을 진행한다. 그다지 중요한 일이 아니므로 상사도 재촉하지 않을 것이다.

하지만 상사가 어떤 사람이냐에 따라서는 이 방법이 먹히지 않을 때도 있다. 머릿속에 절차를 능숙하게 그릴 수 있는 사람은 자신의 생각을 주장할 수 있어야 한다. 자신감을 갖고 자신의 의견을 상사에게 전달하자.

절대적으로 필요한 일은 미루지 않는다

'우선 순위'를 매기고 이를 실행하는 방법에 대해 알아보았다. 그런데 마음은 굴뚝 같아도 실행에 옮길 수 없는 일도 얼마든지 있다.

앞에서 소개한 시간관리의 달인 로타 J. 자이베르트는 독일의 우화를 통해 이러한 경우를 비유하고 있다.

한 사람이 숲 속을 거닐다 땀을 비 오듯 흘리며 나무를 자르고 있는 나무꾼을 만났다. 그는 뭔가에 쫓기는 듯 허둥대며 톱질을 하고 있었다. 가만히 그 모습을 지켜보고 있자니 톱질은 열심히 하는데 좀처럼 나무가 넘어가지 않았다. 의아해서 자세히 관찰해 보니 아닌 게 아니라 톱날이 무뎌 있는 게 아닌가? 그래서 나무꾼에게 물었다.
"톱날을 가는 게 좋지 않을까요?"
그러자 나무꾼은 지친 목소리로 이렇게 대답했다.
"그럴 시간이 없습니다."

이 이야기에서 당신은 무엇을 느꼈는가? 혹시 오랫동안 당신 책상 위를 점령하고 있는 과제는 없는가?
부끄러운 이야기지만 나에게는 처리하지 못한 채 오랫동안 쌓여 있는 과제가 제법 많다. 그 대부분은 하고 싶은 일이기는 하지만 당장 처리해야 할 만큼 급한 일은 아니다. 게다가 해봐야 성과를 얻을 수 없는 것도 많다.
그런데 한편으로는 신속하게 처리해야 할 일들이 계속해서 쏟아져 들어온다. 대부분은 기한이 정해져 있고 확실한 성과가 보장된 것이다. 그래서 '하고 싶지만 그다지 급하지 않은 일'은 점차 순위권에서 밀려나고 시간이 지나면서 까마득하게 잊혀지기도 한다.

그러나 '하고 싶은 일'은 지금까지 도전한 적이 없는 일이므로 잘만 되면 큰 성과를 얻을 수 있으며 어쩌면 새로운 사업을 하는 데 든든한 기반이 될 수도 있다. 그런 기회를 보고도 놓친다면 나무를 자르는 데 급급하여 톱날을 갈지 못하는 나무꾼과 무엇이 다르겠는가.

그래서 나는 '하고 싶은 일'을 포스트잇에 적어 눈에 띄는 곳에 붙여두고 그 일을 하는 데 들어가는 예산과 시간을 의도적으로 스케줄에 집어넣는다. 자신이 꿈꾸는 성공한 미래를 위해 반드시 필요한 일이라고 생각했기 때문이다.

프로듀서로 일하면서 작가로서 글을 쓸 수 있었던 것도 이러한 노력이 있었기 때문이다. 글을 쓰기 시작할 당시에는 이미 독립하기로 마음먹은 상태였기 때문에 사업을 확대하기 위해 스스로에게 그 절대적인 필요성을 이해시키며 꿋꿋하게 진행시켰다. 그러지 않았다면 아마도 '시간의 장벽'을 넘지 못했을 것이다.

2  닛산의 '시간을 만드는 노하우'

"경영을 할 때 '신속하라'는 말은 신속하게 결단을 내리라는 것이 아니라 신속하게 행동하라는 뜻이다. 경영자에게는 문제를 발견했을 때 되도록 빠른 시간 내에 문제를 해결하는 능력이 필요하다."
_카를로스 곤(닛산자동차 CEO)

왜 일을 잘하는 사람은 모두 아침형 인간인가?

'시간의 장벽'을 무너트리기 위해 가장 일반적으로 사용하는 방법이 바로 '시간을 늘리는 것'이다.

그 대표적인 방법으로 최근에는 '아침형 인간'이 되는 다양한 방법이 소개되고 있다.

'아침형 인간 붐'이 일어난 것이 웰빙에 대한 관심도의 표출인지 수도광열비를 절감하기 위한 기업의 아이디어인지는 모르겠지만 '아침형 인간'이 '저녁형 인간'보다 일을 하기에 적합한 것은 확실하다. 여러 가지 이유가 있겠지만 가장 큰 이점은 무엇보다 일을 방해하는 요소가 적다는 것이다.

나도 회사를 다닐 때는 스스로 '아침형 기업'이라 칭하며 아침

5시에 일어나 6시경에는 출근하여 업무 시작 시간인 8시까지 개인적인 일을 처리했다. 그래서 누구보다 아침 시간을 활용하는 이점을 잘 알고 있다.

아무리 철저하게 스케줄을 짜도 계획대로 진행되지 않을 때가 많다. 그건 왜일까?

이유는 하나다. 아무 때고 방해 요소가 비집고 들어오기 때문이다.

인간은 인간관계를 원활하게 유지하기 위해 누군가가 말을 걸어오면 대답을 해야 하고 쓸데없는 이야기를 꺼내도 어느 정도 호응해 줘야 한다. 전화가 오면 받아야 하고 그 밖에 주의를 기울여야 할 일들이 계속해서 발생한다.

간단명료하게 '전부 무시하라'고 말하는 사람도 있다. 하지만 보고서를 기한 내에 작성하기 위해 중요한 거래처의 전화를 받지 않는다면 그건 완전히 주객이 전도된 꼴이 아니겠는가.

스케줄대로 일을 진행하기 위해 상사의 지시를 무시한다면 상사의 미움을 살 것이다. 또 철저한 시간관리를 위해 동료들과 말 한마디 하지 않아 살벌한 분위기를 만든다면 왕따가 될 것이다.

이러한 것들은 정해진 시간대로 일을 실행할 수만 있다면 자신은 어떻게 되어도 상관없다는 비장한 각오를 가져야만 가능한 방법이다.

반면 아침 5시나 6시에 일어나 일을 시작하면 이러한 방해 요소가 저절로 해결된다. 전화는 물론이고 성가시게 말을 걸어오는 상사나 동료도 없다. 이는 집에서도 마찬가지다. 일이 손에 잡히지 않아 친구들에게 이메일을 보내도 답장을 받을 수 없고 이 시간에 전화를 걸었다가는 절교당하기 십상이다. 하는 수 없이 기분을 전환할 겸 텔레비전을 틀어 봐도 흥미를 끌 만한 방송을 하지 않는다. 결국 포기하고 다시 책상에 앉게 된다. 늘 그런 식이다.

나도 나름대로 성공한 '아침형 인간'이라고 자부하는데, 실제로 성공한 경영자들 중에는 '아침형 인간'이 많다. 그 대표적인 인물로 도시바의 사장이자 당시 경단연(일본경제단체연합회)의 회장이었던 도코 도시오를 들 수 있다.

도코는 이른 아침에 신문을 읽는 임원을 보면 크게 꾸짖었다고 한다.

"가장 집중력이 좋은 시간에 그런 쓸데없는 일에 시간 낭비하지 말고 좀더 도움이 되는 일을 하시오."

매일 아침 출근하는 전철 안에서 '오늘은 어떤 일을 할 것인가?'를 생각했다고 하니 그가 아침 시간의 실용성을 얼마나 중요하게 생각했는지 짐작할 수 있다.

장기적인 일은 아침 시간에, 단기적인 일은 저녁 시간에

아침에는 집중력이 필요한 일을 하는 것이 좋은데, 이것은 과학적으로도 입증된 사실이다.

원래 인간에게는 '사카디안 리듬'이라 하여 원시시대부터 유전자에 각인되어온 활동 리듬이 있다고 한다. 즉, 해가 뜨는 동시에 일어나 사냥을 나가고 해가 저물면 외부의 적으로부터 몸을 숨기기 위해 동굴 같은 곳에서 잠을 잔다.

그 역사는 최초의 인류인 오스트랄로피테쿠스가 살았던 420만 년 전으로 거슬러 올라간다. 인간이 저녁에도 활동할 수 있게 된 것은 고작 100여 년 전 전기가 보급된 후였다. 그래서 뇌의 활동은 아직 '사카디안 리듬'에 맞춰져 있어서 아침 7시가 되면 인간의 활동을 활발하게 하는 아드레날린과 코르티코이드 호르몬이 왕성하게 분비된다고 한다.

다시 말해 이 시간에는 집중력이 최고조에 달하므로 가장 중요한 일을 하기에 적합하다. 그런데 안타깝게도 저녁에 활동이 많아지다 보니 아침 7시에는 꿈나라를 헤매고 있는 사람이 많다.

무엇보다 안타까운 것은 많은 사람들이 아침 시간을 활용함으로써 얻을 수 있는 이점을 놓치고 있다는 것이다. 집중력이 가장 좋을 때이므로 효율적으로 일을 처리할 수 있는데도 말이다.

그렇다고 '아침형 인간이 되라'고 강요하는 것은 아니다. 아침 시간과는 달리 저녁은 나름의 이점이 있다.

아침 시간을 활용할 때와는 정반대로 무리하게 집중하지 않아도 되며 여유롭게 일할 수 있다. '그건 이점이라고 할 수 없다'고 의아하게 생각하는 사람도 있을 것이다. 그런데 썩 내키지는 않지만 정해진 기한 내에 일을 처리해야 할 때 저녁 시간이 위력을 발휘한다.

'막차가 끊어지기 전까지만 일해야지'라며 회사에 남아 야근을 하는 사람은 저녁 시간의 이점을 제대로 살리지 못한다. '막차가 끊어지기 전까지'라는 시간은 비교적 짧기 때문이다. 그렇게 짧은 시간은 '출근 시간 전까지'라는 시간 제한이 있는 아침과 다를 바 없으며 그럴 바에는 집중력이 높은 아침 시간에 일을 하는 것이 훨씬 효과적이다.

야근 수당이 나오는 회사라면 저녁 시간에 일을 하는 것도 괜찮은 방법이겠지만 나는 불행히도 한 번도 야근 수당이 나오는 회사에 다니지 못했다. 솔직히 야근 수당을 준다고 해도 체질에 맞지 않아서 회사에 남아 야근을 하기보다는 집에 가지고 가서 작업했을 것이다. 집에서 작업하면 저녁 시간을 부담 없이 활용할 수 있고 작업이 길어질 경우 다음날 아침 출근 시간 전까지 제법 긴 시간을 마음대로 쓸 수 있다.

'1시까지만 하고 자자'라고 목표를 세우고 일을 시작했지만 미처 끝내지 못했다면 2시로 연장하면 된다. 적당히 텔레비전을 보며 휴식을 취하기도 하고 '이 시간에 이게 뭐하는 거람' 하고 혼잣말을 중얼거리는가 하면 술을 마시면서 키보드를 두드려 보기도 한다. 그래도 기분이 풀리지 않으면 기분 전환을 할 겸 친구에게 '난, 이 시간까지 일하고 있어'라고 넋두리가 담긴 이메일을 보내기도 한다.

 이렇게 저녁에는 부담 없이 편하게 일할 수 있어서 좋다. 아침 시간에 비해 효율이 떨어지는 것은 사실이지만 반드시 기한 내에 마쳐야 할 작업이 있을 때는 다른 방도가 없다.

 솔직히 다음 날까지 반드시 마쳐야 할 일이 있을 때, 다음 날 아침 시간을 활용해 작업을 시작하면 아무리 집중력이 높아도 반드시 시간 내에 마칠 수 있다고 장담하기 어렵다.

 그러므로 장기적인 일이나 공부를 할 때는 아침 시간을 활용하고 단기적인 일에는 저녁 시간을 활용하자. 그렇다고 매일같이 밤낮으로 잠을 쪼개가며 일하면 건강을 해칠 수도 있으므로 꼭 필요할 때만 적당히 시간을 분배하여 효율적으로 시간을 만들자.

 이것이 바로 '시간을 전환'하는 노하우다.

기한과 목표를 구분하라

'시간을 전환하는 방법'에 대해 좀더 자세히 살펴보자.

시간을 전환하려면 '기한'과 '목표'가 중요하다.

'기한'과 '목표'를 동일한 것으로 착각하는 사람이 많은데, '기한'과 '목표'는 엄연히 다르다. 예를 들어 '8월 말까지 이 원고를 완성하겠다'는 것은 '기한'이고, '오늘은 원고지 세 장을 써야지'라는 것은 '목표'이다. 헷갈리기 쉬우므로 주의하자.

'기한'은 대부분 외적으로 정해 놓은 조건이다. 효율성이 떨어지거나 일이 좀처럼 순조롭게 진행되지 않아도 반드시 그 시간 내에 맞춰 수행해야 하는 것이 바로 '기한'이다. 만일 이것을 지키지 못하면 신뢰를 잃고 손실이 발생한다.

한편 '목표'는 시간관리를 위해 일을 진행하는 당사자가 임의로 설정한 조건이다. '보고서는 OO시까지 작성하고 상담은 OO시까지 끝내겠다'라는 것은 기한을 지키기 위해 스스로 정한 목표이다.

이해를 돕기 위해 예를 들어 보자.

당신은 월요일 아침까지 보고서를 제출해야 하는데, 이때 '월요일 아침'은 기한이다.

평소 같으면 토요일과 일요일에 작업을 하면 되겠지만 일요일에는 데이트 약속이 있고 토요일에도 다른 중요한 약속이 잡혀 있다. 금요일 저녁에는 친구와 오랜만에 한잔하기로 해서 도저히 시간을 뺄 수 없다.

'그렇다면 늦어도 목요일까지는 작업을 마쳐야지.'

'목요일까지 작업을 마치겠다'는 것은 목표이다. 목요일 하루만에 작업을 마친다는 보장이 없으므로 화요일에 절반 정도 작업을 하고 나머지 절반은 수요일에 한다. 그리고 목요일에는 전반적인 것을 검토하기로 마음먹었다. 이것은 세부적인 '목표'에 해당한다.

그런데 처음 계획과는 달리 금요일까지 작업을 시작도 하지 못해 친구와는 가볍게 식사만 하고 집으로 돌아왔다. 밤을 새워 보고서를 작성하고 토요일에는 비몽사몽 일을 처리하고 일요일에는 홀가분한 마음으로 애인과 데이트를 즐겼다. 이것도 나쁘지 않다.

시간관리술에서는 밤을 새는 것을 되도록 권하지 않지만 반드시 기한을 지켜야 하는 일이라면 어쩔 수 없다. 그래도 가능하면 밤을 새지 않도록 미리 여유 있게 시간을 분배하는 것이 좋다.

그러려면 스케줄을 꼼꼼하게 짜고 그대로 따르는 것도 좋지만 '전환할 수 있는 시간'을 만드는 것이 중요하다.

그런데도 많은 기업에서는 '기한'과 '목표'를 착각하고 있다. 그래서 점점 늘어나는 목표를 달성하기 위해 비효율적인 야근을 강요하고 있다.

카를로스 곤의 닛산 리바이벌 플랜

닛산의 사장 카를로스 곤은 대대적인 형태로 '시간을 전환하는 방법'을 성공시켰다. '대대적'이라는 표현에 걸맞게 '기한'과 '목표', 두 가지 모두를 훌륭하게 만족시켰다.

그는 1999년 10월, 닛산의 CEO로 취임하자마자 다음과 같은 '닛산 리바이벌 플랜'을 내세웠다.

(1) 리바이벌 플랜을 실시하는 원년도부터 흑자를 달성할 것.
(2) 3년 후까지 부채를 반액으로 절감할 것.
(3) 3년 후까지 영업이익률을 4~5퍼센트 높일 것.

이 플랜을 실현하려면 많은 노력이 필요했을 뿐 아니라 시간도 촉박했다. 과연 카를로스 곤은 어떻게 했을까?

'세븐 일레븐'이라는 그의 별명에서 알 수 있듯이 그는 아침 7시에 출근해 저녁 11시까지 일했다고 한다.

아침 시간과 저녁 시간을 적절하게 활용해 플랜을 실현하는 데 필요한 시간을 늘린 것이다.

그는 '남들보다 열심히 일하면 남들보다 일을 더 잘할 수 있다'는 매우 단순명쾌한 지론을 가지고 있다. 그런 그가 소중한 시간을 좀먹는 비효율적인 야근을 할 리 만무하다.

카를로스 곤은 '목표'와 '기한'을 명확하게 제시하고 있다. 다시 한 번 '리바이벌 플랜'을 살펴보자.

(1) 리바이벌 플랜을 실시하는 원년도부터 흑자를 달성할 것.
(2) 3년 후까지 부채를 반액으로 절감할 것.
(3) 3년 후까지 영업이익률을 4~5퍼센트 높일 것.

카를로스 곤은 자신이 제시한 '3년'이라는 '기한'에 대해 이렇게 말하고 있다.

"경영자들이 3년 뒤의 일을 기약하기 싫다며 목표 수치나 달성 기한을 계획하지 않는다면 그것이야말로 근시한적인 시장을 조장하는 데 한몫하는 것이다."

역시 시간을 전환하려면 '기한'을 엄수하고자 하는 확고한 의지가 있어야 한다.

이에 반해 '목표'가 자주 무의미해져버리는 기업이 있다. 언젠가 종무식에서 '시가총액이 세계 최고인 기업을 목표로 하자'라고 연설한 이듬해에 비리 사건으로 체포된 경영자도 있다.

'세계 최고의 기업을 만들자'는 '목표'를 세우는 것은 바람직한 일이다. 그러나 최종 목표에만 집착하는 것은 바람직하지 않다. '3년 후에는 어떻게 될 것인가?' '내년에는 어떻게 할 것인가?'라는 단기 목표를 세워야 한다. 예를 들어 '내일까지 무엇을 할 것인가?'라는 목표를 정하지 못하면 의욕이 생기지 않는다.

글을 쓰는 작업은 특히 그렇다.

예를 들어 '한 달 뒤에는 200쪽 분량의 책을 쓰겠다'는 '목표'를 세웠다고 하자. '써야지, 써야지' 하면서 어느덧 3주가 지나가 버렸다. '이제 일주일밖에 안 남았잖아. 아직 60쪽밖에 못 썼는데 이를 어째?' 이런 일이 비일비재하게 일어난다.

뒤늦게 정신을 차리고 어떻게든 기한을 맞추기 위해 세부적으로 목표를 세우기 시작한다.

'6일 동안 140페이지를 써야 하니까 하루에 20페이지씩 쓰면 되겠네. 좋아, 이 정도면 충분히 할 수 있어.'

설사 계획대로 순조롭게 진행되지 않더라도 '하루의 목표치'를 달성하기 위해 조금이라도 더 노력하게 되고 마침내 마감일에 맞춰 원고를 완성할 수 있다.

불필요한 야근을 많이 한다는 것은 이러한 발상이 결여되어 있기 때문이다. 그래서 내일도 야근, 모레도 야근, 날마다 야근을 반복한다.

그중에는 야근 수당을 벌기 위한 사람도 있겠지만 '오늘 안에 다 끝내서 내일은 푹 쉬어야지'라는 확실한 목표가 있어야 일의 효율을 올릴 수 있다.

3. 메모로 버리는 시간, 메모로 얻는 시간

"스케줄링이 잘 되지 않는 이유는
시간과 일의 결과가 보이지 않기 때문이다."
_노구치 유키오(와세다 대학교 교수)

스케줄 노트에는 '시간 도둑'이 숨어 있다

'시간 뇌'의 결정체는 주간 단위, 월간 단위, 연간 단위로 시간을 분배하는 '스케줄링'이다.

스케줄 노트나 수첩은 시간을 관리하기 위한 수단이 아니므로 시간을 효율적으로 관리하는 데 적합하지 않다. 이렇게 말하면 메모의 달인들에게 미움을 살지도 모르지만 사실이 그렇다. 나 이외에도 이러한 문제점을 인식하고 있는 사람들이 상당히 많다.

'그렇다면 스케줄 노트나 수첩이 왜 필요하지?'라는 의문이 생긴다. 스케줄 노트나 수첩은 스케줄을 기록하기 위한 도구, 즉 '기억 매체'이다. 3시에 회의가 있다면 그 사실을 잊지 않도록 메모를 하기 위한 것이다.

'기억 매체'이므로 당연히 정보량에는 한계가 있다. 디스켓을 생각하면 이해하기 쉬울 것이다. 디스켓에 저장할 수 있는 양에는 한계가 있다. 그래서 많은 양을 저장하기 위해 '압축'이라는 방법을 사용한다. 이것은 시간을 '양'이 아닌 '수치'로 파악하는 방법이다. 이해하기 쉽게 설명해 보자.

3시에 회의가 있다고 하자. 당신은 그 자리에서 프레젠테이션을 해야 한다. 그러려면 회의 전에 준비 자료를 만들 시간을 확보해야 한다. 만약 미리 정해진 약속이 있다면 그 시간을 조절해 시간을 만들어야 한다. 게다가 프레젠테이션 자료를 상사에게 미리 검토받아야 한다면 상사의 스케줄에도 맞춰야 한다. 만일 수정이라도 해야 할 경우에는 더 많은 시간이 필요하다.

회의가 끝난 후에도 회의를 통해 파생된 업무를 처리하는 데 시간이 필요할 수도 있다. 임원들이 불러 '아까 그 건에 대해 좀 더 자세히 설명해 보게'라고 할 수도 있다. 어떤 일에 얼만큼의 시간이 걸릴지는 예측할 수 없다.

이때 과연 스케줄 노트나 수첩으로 시간을 치밀하게 관리할 수 있을까?

수첩으로 시간을 관리할 수 있을 거라는 생각은 어리석은 착각이다. 실제로는 머릿속으로 시간관리를 하기 위한 도구로 사용될 뿐이다. 앞에서 '기억 매체'라고 했던 것은 바로 이 때문이다.

그래도 어차피 자료로 사용할 거라면 좀더 효율적으로 사용하는 게 좋지 않을까? 그래서 나온 것이 '메모의 기술'이다.

하지만 이것도 그리 간단한 문제는 아니다. 용량과 처리 속도의 문제를 해결해야 하기 때문이다. 디스켓에 저장할 수 있는 것이 한정되어 있듯이 수첩 한 페이지에 담을 수 있는 양도 한정되어 있다.

대문짝만한 종이에 자신이 해야 할 일과 생각한 것을 전부 적을 수 있다고 해서 실제로 그렇게 하는 사람은 없다. 쓰기 전에 움직이는 것이 더 빠르기 때문에 이는 시간 낭비일 뿐이다.

그럼 과연 스케줄 노트로는 무엇을 하면 좋을까?

메모를 이용한 시간관리술

스케줄을 관리하는 열쇠는 일정을 '수치'가 아닌 '양'으로 파악하는 능력에 달려 있다. 그리고 또 하나의 열쇠는 스케줄 노트가 '기억 매체'라는 이점이다. 즉, 스케줄 노트는 장기적으로 기억을 보존할 수 있다. 일정을 스케줄 노트에 적어두면 오랜 시간이 지난 후에도 그 일정을 보관할 수 있다.

굳이 기억할 필요가 없는 정보는 스케줄 노트에 기록할 필요도 없다. 화장실에 가는 시간을 일정표에 적어 넣는 사람은 없다. 즉, 오랜 시간이 걸리는 일의 시간을 '양'으로 파악할 수 있도록 스케줄을 짜야 한다. 이 분야에서 알아주는 메모의 달인 노구치 유키오 교수는 합리적인 방법을 찾아냈다. 그의 시간관리술을 훔쳐보자.

노구치 교수의 말에 따르면 스케줄을 짜려면 먼저 (1) 주어진 시간과 (2) 해야 할 일을 정확하게 파악해야 한다.

우선 (1) 주어진 시간에 대해 살펴보자. 시간을 '양'으로 파악해야 하는데 그 이유는 스케줄 노트로는 전체를 한눈에 볼 수 없기 때문이다. 이는 앞에서도 설명한 아날로그 시계가 디지털 시계보다 시험 볼 때 편리하다는 발상과 일맥상통한다.

시험이 5시에 끝난다고 가정해 보자. 열심히 문제를 풀다 문득 눈을 들어 시계를 보니 벌써 4시 40분이다. 일일이 따져보지 않고도 이 시간을 '8'이라는 숫자에서 '12'라는 숫자로 이동하는 시간으로 이해한다. 누군가 묻지 않는 한 굳이 '20분'이라는 '언어기호'로 생각하지 않는다.

그런데 디지털 시계는 다르다. '4:40'이라는 수치를 보면 지금이 '4시 40분'이라고 인식하게 되고 '60-40=20', 즉 앞으로 시간이 20분 남았다는 것을 인식하게 되고 마지막으로 '20분'이라는 길이를 이미지하게 된다.

그것은 스케줄 노트에서도 마찬가지다. 무엇보다 수첩은 대개 일주일 단위로 나눠져 있어 한 주가 지나면 다시 일정을 관리하게 된다. 예를 들어 오늘이 7월 20일 월요일이고 8월 10일에 할 일정을 떠올릴 때, 이번 주에 남은 여섯 칸 + 두 페이지 분량 + 나머지 두 칸, 즉 '양'으로 파악할 수 있는 사람은 거의 없을 것이다. 대개는 머릿속으로 '31-20+10'이라는 식으로 계산한다. 수첩 앞부분에 연간 스케줄표가 붙어 있는 경우도 있지만 세부적인 사항까지 적을 정도로 크지 않다.

또 스케줄 노트가 시간을 '양'으로 파악하기 어려운 이유는 일정표로는 일정표에 적혀 있지 않은 그 밖의 일을 알 수 없기 때문이다. 대부분의 비즈니스맨은 여러 가지 일을 동시에 병행하기 때문에 단순히 일정표에 한 주 동안 아무것도 적혀 있지 않다고 해서 그 시간을 전부 자유 시간이라고 볼 수는 없다. 게다가 안타깝게도 다른 스케줄을 '양'으로 파악하지 못하면 자신에게 주어진 시간을 정확하게 파악할 수 없다.

초정리법과 시간관리술

이러한 문제를 해결하여 스케줄을 '양'으로 파악할 수 있도록 만들어진 것이 이른바 노구치 방식의 '초(超)정리 수첩'이다. 이 수첩은 종이 한 장을 접은 형태로 되어 있다. '무슨 의미가 있을까?'라고 의아하게 생각할지도 모르겠지만 그는 『초정리법 3탄, 타임매니지먼트』를 통해 이렇게 설명하고 있다.

"이 수첩은 접혀 있는 상태에서는 다른 수첩과 다를 바 없지만 펼쳐 보면 장기간의 일정을 한눈에 파악할 수 있도록 만들어져 있다."

이로써 앞에서 지적한 문제들이 한번에 해결된다. 상품화되어 시판되고 있으니 관심 있는 사람은 사용해도 좋을 것이다.

아쉽게도 나는 이 수첩을 사용하지 않는다. 문제가 있어서가 아니라 단지 내 일에는 그다지 필요하지 않기 때문이다.

스케줄 노트로 파악할 수 있는 것은 앞에서 설명했듯이 '기억' 뿐이다. 그래서 나는 처음부터 스케줄 노트로 시간의 양을 파악하겠다는 생각을 버렸다. 그도 그럴 것이 내가 하는 일은 단발적인 일들뿐이어서 굳이 시간을 '양'으로 파악할 필요가 없다.

대신 노구치 교수가 제안한 'TO DO 보드'를 변형해서 쓰고 있다. 처리해야 할 일들을 한 장에 한 건씩 포스트잇에 적어 보드에 붙인다. 뭐니 뭐니 해도 '자신이 해야 할 일'을 전체적으로 한눈에 파악할 수 있는 이점이 있다.

나는 'TO DO 보드'를 세 개로 구분해 사용하고 있는데 우선 한 달 이상 걸리는 일이나 집필 작업 등 장기적으로 처리해야 할 일을 붙여놓은 보드와 일주일 정도면 처리할 수 있는 일이나 프레젠테이션 자료 수집, 프로젝트 기획서 작성 등 단기적으로 처리할 수 있는 다양한 일을 적어놓은 보드, 마지막으로 다른 사람에게 도움을 받아야 하는 일을 적어놓은 보드가 있다. 마지막으로 사용하는 보드는 다른 사람의 일을 프로듀스 하는 직업의 특성상 필요한 것이므로 보통 사람은 필요가 없다.

이렇게 세 개로 구분해서 사용하면 '다음에는 어떤 일을 처리해야 하는가?' 또는 '지금 진행하고 있는 일을 어떻게 이끌어 가야 하는가?'를 한눈에 파악할 수 있다. 또한 달력이나 스케줄 노트로도 대체할 수 있으므로 시간을 '양'으로 파악할 수 있다.

여기에 기한을 한눈에 파악할 수 있도록 기한이 임박한 일은 다른 포스트잇에 크게 적어 눈에 잘 띄도록 붙여둔다. 그리고 이 보드를 가장 눈에 잘 띄는 곳에 걸어두면 굳이 찾지 않아도 어쩔 수 없이 보게 된다.

그전에도 다양한 방법을 시도해 보았으나 나에게는 이 방법이 가장 효과적이었다. 게다가 심리적인 효과도 기대할 수 있다.

우선 일을 처리한 후 보드에 붙어 있던 포스트잇을 떼어낼 때 상당한 쾌감을 느낀다. 이는 일을 완벽하게 처리했다는 의미이므로 안심하고 다른 일을 진행할 수 있으며 의욕을 향상시키는 데도 도움이 된다.

큰 프로젝트인 경우에는 다른 색의 포스트잇을 사용하는데 이 색이 늘어날수록 가슴이 설레고 의욕이 향상된다. 일의 성질에 따라 적합하지 않은 사람도 있겠지만 그렇지 않다면 한번 시도해 보길 바란다.

해야 할 일을 전체적으로 파악한다

■ 'TO DO 보드'의 활용 사례(출판, 편집, 집필에 종사하는 사람인 경우)

▶ 달력의 위쪽이나 바로 비교할 수 있는 위치에 붙인다

장기적으로 처리해야 할 일	중기 내지는 단기적으로 처리해야 할 일	다른 사람에게 도움을 받아야 할 일
출판을 위한 습작 (기획 제안, 원고 집필, 교정) → O/O까지	비즈니스 잡지 O월간 연재 집필 → O/O까지	원고에 들어갈 일러스트 발주 → O/O 마감
출판할 책의 프로듀스, 작가와 함께 책 한 권을 만든다. → O/O 발행 목표	O월 O일에 개최할 강연회 주제와 개요 작성 → O/O까지	프로듀스 중인 책의 교정·교열 → O/O 마감
	출판된 책의 서평 취재 → O/O까지	취재한 테이프 원고로 작성 → O/O 마감
연간 세 권의 책을 발행하기 위한 업무 조정과 일련의 실무 → O/O까지 라인업 예정.	OO잡지 O월호 기사 기획 제안 → O/O까지	
	OO잡지 O월호 원고 집필을 위한 취재 → O/O까지	

효과적인 메모로 시간을 만드는 기술

앞에서 노구치 교수는 스케줄을 짜기 전에 파악해야 할 두 번째 조건으로 '해야 할 일'을 들었다. 매우 중요한 내용이므로 자세히 살펴보자.

나는 수첩이라는 도구를 사용하는 대신 일의 용건을 기록하기 위해 대형 포스트잇을 활용하고 취재를 할 때는 노트를 사용한다.

'5W 1H'를 토대로 '해야 할 일'을 파악하는데, '5W 1H'란 'Who누가' 'When언제' 'Where어디서' 'With Whom누구와' 'What무엇을' 'How어떻게 할 것인가'를 말한다.

'Who누가'는 자신일 것이고 'With Whom누구와'은 상황에 따라 달라지며 'How어떻게 할 것인가'는 크게 문제되지 않는다. 중요한 것은 'What상품' 'When기한' 'Where클라이언트'이다. 대형 포스트잇을 사용하는 이유는 이것들을 명확하게 기록할 수 있기 때문이다.

그리고 또 하나 중요한 것이 'Why무엇을 위해서'이다. 이는 아무리 단순한 일이라도 '최종적인 일'과 이것을 달성하기 위한 중간 과정이 존재하기 때문이다. 아무리 사소한 사항이라도 성과에 큰 영향을 미칠 수 있으므로 주의해야 한다.

메모를 할 때는 반드시 무엇을 위한 것인지 적어두어야 한다. 그렇지 않으면 기껏 기록한 내용이 무용지물이 될 수도 있다. 좋은 아이디어가 떠올라 수첩 여백에 메모해 두었더라도 인과관계를 적어두지 않으면 나중에 본인 스스로 무슨 의미인지 알 수 없는 경우가 많다.

보고서를 작성하기 위해 필요한 책 이름을 적어두었다고 하자. 그런데 책 제목을 적어놓은 메모지가 너무 많아 나중에 한꺼번에 사려고 모아두었다. 그러다 보고서를 쓰려고 책상 앞에 앉다가 문득 떠올랐다.

'참, 보고서 작성하는 데 참고하려고 그 책이 필요했었지.'

메모하는 일 자체가 쓸데없는 일은 아니지만 '무엇을 위한 메모인가'를 알 수 있도록 메모하지 않으면 이 또한 시간 낭비가 된다.

메모할 때 포스트잇 다음으로 자주 사용하는 것이 '휴대전화'이다. 휴대전화는 수첩보다 기록하기 쉽고, 크기도 작으며 무엇보다 필기도구가 필요 없다. 한 손으로도 사용할 수 있고 전파가 닿지 않아도 메모할 수 있다. '5W 1H'를 파악하는 정도의 문자를 기록하기에는 용량이 충분하며 보존할 수도 있다. 무엇보다 가장 큰 이점은 컴퓨터로 전송할 수 있다는 것이다. 내게 컴퓨터는 모든 일을 처리하는 중요한 도구이다. 휴대전화 메일은 언제 어디서든 갑자기 떠오른 아이디어를 바로 기록했다가 일에 접목할 수 있으므로 그야말로 최고의 수단이다. 메일로 보내면 되므로 분실할 염려도 없다.

또한 휴대전화 하나로 다양한 용도의 일을 할 수 있다는 점에서 매우 편리하다. 내가 가지고 있는 휴대전화 기종은 전화를 비롯하여, 메일, 주소록, 메모, 스케줄, 카메라, 계산기, 사전, 지도 검색 등 다양한 기능이 있다. 당신의 휴대전화는 어떤 기능을 가지고 있는지 살펴보라.

용도에 따라 다양한 도구를 사용하는 사람도 있는데 개인적으로 좋은 방법이라고는 생각하지 않는다. 자칫하면 어디에 기록했는지 헷갈리기 쉬우므로 주의가 필요하다. 작은 수첩이 제대로 기능하지 못하는 이유도 바로 이 때문이다.

또 한 가지 문제점은 메모를 과신한 나머지 자신의 '두뇌'를 쓰지 않는 것이다. 나는 출판사에 근무하면서 '사람들의 이야기를 들을 때는 항상 메모하라'는 가르침을 받았다. 그래서 인터뷰를 할 때도 이야기를 들으며 계속해서 그 내용을 기록했다.

그런데 취재가 끝나고 며칠이 지나면 무슨 이야기를 나누었는지 도무지 기억이 나질 않았다.

'그때 그 사람이 뭐라고 했더라?' 녹음한 테이프를 듣고 나서야 뒤늦게 중요한 질문을 하지 않았다는 사실을 깨달았다. 이런 실수를 범하는 것은 메모하는 데만 열중한 나머지 상대의 이야기를 주의 깊게 듣지 않았기 때문이다. 그래서 상대의 이야기에 반응하고 바로 질문하지 못했던 것이다.

그 뒤부터는 취재할 때 상대의 눈을 보며 이야기에 귀를 기울인다. 꼭 필요할 때는 메모를 하지만 상대의 이야기를 녹음하므로 일부러 메모하지 않는다. 그랬더니 신기하게도 상대가 어떤 말을 했는지 기억할 수 있었다. 이는 '기억하려고 했기 때문'이 아니라 '상대의 이야기에 관심을 가졌기 때문'이다.

제4장

속도를 높일수록 시간이 저축된다

1 최고경영자의 시간 분배술

> "순환이 잘 안 될 때는 일단 멈춰 서서 당황하지 말고 한 걸음씩 올라가라. 고작 한 걸음이라도 올라섰으면 전진한 것이다. 포기하지 않고 계속 나아가다 보면 1년 후에는 분명히 전보다 훨씬 더 높은 곳에 올라서 있을 것이다."
> _오구라 마사오(야마토 운수 전 사장)

티끌 모아 태산

스피드업_{일의 속도 높이기}을 도모하기 위해서는 어떻게 하면 일을 신속하게 처리할 수 있는가가 관건이다. 제1장에서도 말했듯이 능력을 향상시킨다고 해서 스피드업을 할 수 있는 것이 아니다.

예를 들어 팔의 근육을 단련시켰다고 해서 원고를 빨리 쓸 수 있는 것은 아니다.

그럼 어떻게 해야 할까?

우선 원활하게 일을 진행할 수 있는 환경을 만들어야 한다. 그러기 위해서는 일의 진행을 정체시키는 장해물을 제거해야 한다.

글을 쓰다 보면 원활한 진행을 위해 기획 단계에서 철저하게 자료를 수집해 두거나 취재할 때 테이프에 녹음한 내용을 문서로 작성하는 일을 다른 사람에게 의뢰하기도 한다. 또 시간이 부족할 때는 이른 아침이나 저녁 시간을 최대한 활용하는데 이러한 대책은 일에 방해가 되는 요인을 정확하게 파악해야만 세울 수 있다. 방법은 간단하다. 글을 쓰기 위해 거쳐야 하는 모든 작업을 일일이 해체해 보면 된다. 이 방법은 컨설턴트들이 문제점을 파악하여 기업의 효율을 높일 때 자주 사용된다.

그 대표적인 사례로 대기업 컨설턴트 회사인 맥킨지Mckinsey에서 실시하고 있는 'MECE'가 있다. 'MECE'란 'Mutually Exclusive and Collectively Exhaustive'의 약자로 '중복이나 누락 없이 부분으로 전체를 파악하는 기법'이다. 이를 테면 어떤 일을 파악할 때 전체를 중복이나 누락 없이 부분 집합으로 나누어 생각하는 방법으로 중복되거나 누락되지 않게 나누는 것이 중요하다.

일을 하나하나 나누어 보면 각각의 문제점이 명확해진다. 우선 당신이 평소 어떤 일을 하고 있는지 자세히 적어보자.

'글쎄요. 제가 하는 일은 세일즈밖에 없는데요'라고 말하는 사람이 있을 것이다. 이런 애매모호한 사고를 가진 사람들 때문에 좀처럼 장해물이 개선되지 않는다. '세일즈'라는 큰일을 하려면 그것을 뒷받침하는 작은 일들을 처리해야 한다.

'전화 약속'에서부터 '세일즈 멘트 구사' '기획서 제안' '마케팅 조사' '컨설턴트' '견적 산출' '접대' '교섭' 등 해야 할 일이 굉장히 많다.

이렇게 일을 '세분화하는 발상'이 장해물을 제거하는 중요한 열쇠가 된다. 유럽에서는 이러한 방법을 '살라미 기법salami technique'이라고 부른다.

이탈리아 음식인 살라미 소시지는 크기가 커서 통째로 먹기 어렵다. 보통은 한 입씩 먹기 좋게 얇게 썰어서 먹는다. 이 모습을 연상시킨다 하여 이런 이름을 붙였다고 한다.

일을 세분한 후에는 각각의 일이 과연 재미있는가 생각해 보라.

왜 그래야 하는지는 구로네코 야마토 택배 서비스를 창시한 오구라 마사오의 업무 방식을 통해 살펴보기로 하겠다.

살라미 기법으로 사업에 성공하다

최근 들어 당일 배송 서비스가 활성화되었다. 그만큼 이 서비스를 처음 시작한 야마토 운송의 위상도 상당히 높아졌다.

요즘에는 일반적으로 당일 배송을 실시하지만 이 서비스를 시작하기 전에는 많은 장해 요인이 있었다.

당시에는 우체국에서만 개인을 상대로 화물을 운송했다. 운송업체에서는 대기업을 상대로 화물운송 서비스를 실시하고 있었는데 저마다 담당 기업을 나누는 식의 구태의연한 담합 행위가 공공연하게 벌어지고 있었다.

행정적인 문제와 이러한 고질적인 서비스 체질 등 넘어야 할 장벽도 많았지만 그 밖에도 '누가, 어떻게 운반할 것인가?' '고객의 주문은 어떤 방식으로 받을 것인가?' '과연 이 서비스로 이윤을 올릴 수 있을까?' 등 해결해야 할 문제가 많았다.

오구라는 성공을 확신했지만 주변 사람들은 그렇게 생각하지 않았다. 그래서 오구라가 처음 이 서비스를 제안했을 때 극심한 반대로 무산되었다.

하지만 오구라는 마침내 이 서비스를 성공시켰다. 그가 당일 배송 서비스를 성공시킬 수 있었던 가장 큰 요인은 '살라미 기법', 즉 개별 격파하는 방법으로 장해물을 해결해 나간 것이다.

행정적인 문제는 규제완화를 요구하는 철저한 항전으로 해결하는 동시에 대기업 거래처와의 제휴를 포기하면서까지 구태의연한 서비스 체질을 개선했다. 그리고 전국의 쌀집을 창구로 한 프랜차이즈를 형성하여 배송 담당자의 능력을 높이고 충실한 서비스를 도모했다.

고객이 부재 중일 때는 업무 시간이 끝난 후에라도 다시 찾아가는 등 일어날 수 있는 모든 문제를 해결해 나갔다. 그리고 마침내 '가장 빠르고 확실한 배송 서비스'라고 하면 많은 사람들이 야마토 운송을 떠올리게 되었다.

'고작 한 걸음이라도 올라섰으면 전진한 것이다'라는 말은 살라미 기법을 상징하는 것이다. 조금씩 계속해서 올라가다 보면

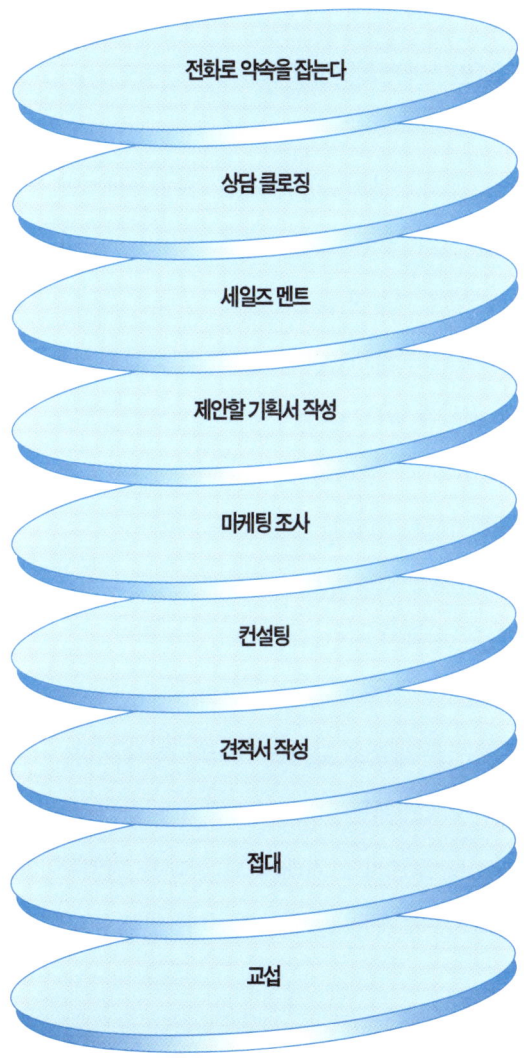

아무리 높은 산도 오를 수 있다. '티끌 모아 태산'이라는 말도 있듯이 하나씩 착실하게 쌓아가는 것이 가장 빠른 지름길이며 유일한 방법이다.

마츠시타 고노스케의 세분화 전략

시간관리 책 대부분이 '장기 목표'라는 거시적인 시점을 강조하는 경향이 있다. 물론 그것도 중요하지만 진정한 프로는 결코 당면한 문제를 간과하지 않는다.

'경영의 신'으로 불리는 마츠시타 고노스케는 평소부터 개별적인 일을 중시해 왔다.

일례로 '거래처를 늘리고 싶은데 어떻게 하면 좋을까요?'라는 질문에 마츠시타는 이렇게 대답했다.

"한 명의 고객을 소중하게 대하십시오."

정말로 간단명료한 대답이다.

한 명의 고객을 정성껏 모시고 고객에게 만족스러운 서비스를 제공하면 고객은 새로운 고객을 데려다 줄 것이다.

마츠시타 고노스케는 『비즈니스맨의 마음가짐』에서 "극단적인 표현일지도 모르지만 거래처 한 군데를 지키는 것이 결과적으로는 거래처 백 개를 늘리는 길이다. 반대로 거래처 한 개를 잃는 것은 거래처 백 개를 잃는 것과 같다는 생각으로 고객을 소중하게 대해야 한다"고 말했다.

여기에서도 앞에서 나온 '살라미 기법'이 사용되고 있다.

또한 『경영자로서의 마음가짐』에서는 경영에 대한 일관된 생각을 피력하고 있다.

"일을 할 때는 최선을 다하고 일이 끝난 후에는 잘된 점과 잘못된 점을 찾는 습관을 가져라."

마츠시타 고노스케의 이야기를 통해 앞을 보며 한 발 한 발 착실하게 나아가는 것이 경영을 하는 요령이라는 것을 알았을 것이다. 경영을 할 때도 '전체를 세분하는 발상'이 필요하다. 작은 장해물을 일일이 제거하고 모든 문제가 해결되었을 때 비로소 기업이 원활하게 돌아간다.

다루기 힘든 고객이 한 명만 있어도 의욕은 급격하게 저하된다. 반대로 고객의 요구에 신속하게 대처하지 못해 점차 고객이 떨어져 나가는 경우도 있다. 일을 세분한 후에 각각의 일이 재미있는지 생각해 봐야 하는 이유가 바로 여기에 있다.

마츠시타의 말에 따라 매출을 올리는 데 급급하지 않고 한 명의 고객을 어떻게 하면 확실하게 잡을 수 있을지 생각해 보자.

가속도가 붙기까지 단계를 밟아라

'일이 재미있는가?'라는 질문은 '의욕'과 연결된 중요한 문제인 만큼 다음 장에서 자세히 다룰 것이다.

자신감 부족, 공포심, 대인관계, 희망 상실 등 일이 재미없는 원인은 매우 다양하다. 이들 중 한 가지 이유만으로도 완전히 일의 흥미를 잃을 수 있다. 상사가 싫어서 회사를 그만두고 싶다고 말하는 사람이 의외로 많은 것도 이 때문이다.

세일즈 컨설팅의 대가 밥 콘클린은 『100명 중 1명도 실행하지 못하는 '성공 지도'를 읽는 법』이라는 책에서 학습 진도가 뒤처진 중학생을 변화시킨 공부 비법을 소개하고 있다.

이 중학생은 초등학교 진도도 따라가지 못하는 학급의 문제아였다. 그러던 어느 날 고등학교 교장인 삼촌에게 일대일 지도를 받게 되었다.

그의 삼촌은 초등학교 과정부터 착실하게 가르쳐 나갔다. 특히 수학 과목이 취약하여 초등학교 3학년 문제부터 풀어나가며 차츰 단계를 높였다.

이렇게 몰랐던 것을 하나씩 알게 되자 아이도 자신감이 생겼다. 초등학교 수학을 정복하는 데 1년이 걸렸지만 일단 해결하고 나니 가속도가 붙기 시작했다. 3개월 후에는 중학교 1학년 과정을 완전히 마치고 마침내 수학 시험에서 90점을 맞았다.

이렇게 수학 과목에서 요령을 터득하고 자신감이 생기자 다른 과목을 습득하는 속도도 빨라졌다. 그가 졸업을 할 무렵에는 학급에서 5등 안에 들었고 대학을 졸업한 후에는 대기업 제조업체의 엘리트 사원이 되었다.

그의 삼촌은 그가 공부에 재미를 느끼도록 지도했다. 일에 재미를 느끼려면 철저하게 그 일을 이해해야 한다.

견적을 계산해야 한다면 우선 '고객이 어떻게 받아들일까?' 또는 '견적에 따라 상대가 어떻게 반응할까?'를 철저하게 생각해 본 후에 실행에 옮겨라. 그러면 장해물도 말끔하게 해결할 수 있다.

이때 명심할 것은 '부분도 전체의 일부'라는 사실이다.

오구라는 사원들에게 이런 말을 자주 한다고 한다.

"여러분이 운반하는 짐과 그 짐의 주인에게 푹 빠지십시오."

'짐 주인에게 푹 빠져라'는 말의 의미는 누군가에게 그 짐을 가져다주고 싶어 하는 사람의 마음을 이해하라는 뜻이다. 짐을 보내는 사람은 받는 사람에게 도움을 주기 위해 택배 서비스를 이용한다. 택배 기사는 도움을 주고자 하는 사람과 도움을 받는 사람을 연결하는 중계 역할을 한다. 그러므로 아무리 하찮은 일이라도 자부심을 가져야 한다.

사실 구로네코 야마토의 당일 배송 서비스가 가능했던 이유는 택배기사를 비롯해 사무를 담당하는 사람들 모두의 의식개혁이 이루어졌기 때문이다.

  이렇듯 가장 작은 일에서부터 문제점을 개선해 나가면 전반적으로 일의 속도를 높일 수 있다.

2. 처칠이 말하는 '속도를 높이는 기술'

> "보고서가 한 장이면 꼼꼼히 읽지만 그보다 길어지면 비서에게 쓰레기통에 처넣으라고 지시한다."
> _윈스턴 처칠(영국 전 수상, 노벨 문학상 수상자)_

휴대전화 문자를 이용하여 신속하게 보고하는 기술

이번에는 신속하게 보고하는 기술에 대해 알아보자. 보고하는 방법은 구두로 하는 방법에서부터 이메일, 팩스 등 무척 다양하다. 앞에서도 말했지만 나는 이들 중에 휴대전화 문자를 자주 사용한다.

절대 자신과는 동떨어진 청소년들이나 쓰는 기능이라고 단정 지어서는 안 된다. 휴대전화 문자는 다음과 같은 이점을 갖고 있어서 연락을 취할 때 그 위력을 발휘한다.

- 이동 중에 간단하게 송수신할 수 있다.
- 연락이 들어온 것을 바로 알 수 있다.

- 대량의 주소록을 바로 활용할 수 있다.
- 컴퓨터 등 메인호스트로 전송 및 보존할 수 있다.
- 간결한 연락을 기대할 수 있다.
- 필요한 보고사항을 미리 엄선할 수 있다.

특히 마지막 두 가지는 휴대전화를 사용하는 사람들의 심리를 반영하고 있다. 일반적으로 휴대전화 문자는 길게 쓰지 않는다. 두 번에 걸쳐 길게 쓰는 사람도 있지만 이런 경우에는 대부분 사적인 경우가 많다.

휴대전화 문자를 쓸 때는 다음의 규칙을 지키는 것이 바람직하다.

- 문자는 50자 이내로 쓸 것.
- 용건은 하나, 질문도 하나만 할 것.

굳이 이러한 규칙을 모르더라도 휴대전화 문자로 연락해 달라고 하면 대개 간결하게 정리해 요점만 보낸다. 그래서 사실만 간략하게 전달할 때 아주 효과적이다.

게다가 휴대전화 문자는 사적인 수단이라는 인식이 강해서 휴대전화 문자로 연락하라고 말하면 정말로 급할 때만 연락을 한다. 즉 '가장 중요한 사항'만을 엄선하여 보낸다. 나는 지금껏 휴대전화 문자 덕에 커뮤니케이션에서 발생할 수 있는 손실을 크게 줄일 수 있었다.

길지만 지루하지 않는 처칠의 명연설

커뮤니케이션에서 발생할 수 있는 손실도 전체적으로 파악해 보면 쉽게 찾을 수 있는 장해물 중의 하나이다. 반드시 상사의 결재를 받아야 하는데 좀처럼 마음을 사로잡지 못하는 경우가 그 전형적인 사례이다.

부하직원이 상사에게 일이 진행되는 상황을 보고하는 과정에서 발생하는 손실도 만만치 않다. 그래서 눈코 뜰 새 없이 바쁜 경영자나 정치가에게는 결론만 간결하게 요약하여 3분 이내 또는 3줄 이내로 보고해야 한다.

제2차 세계대전에서 영국을 승리로 이끈 처칠 수상은 한 장 이상의 보고서는 쳐다보지도 않았다고 한다.

그의 급한 성격은 평소 행동에서도 그대로 나타났는데 좋은 아이디어가 떠오르면 망설임 없이 곧바로 진행했다. 일본에도 혼다의 창업주인 혼다 소이치로 등 성격이 급한 경영자가 많다. 이들은 결단을 내리면 바로 실행에 옮김으로써 높은 성과를 올렸다.

누구든 이야기를 길게 끌면 지루하게 마련이다. 불필요한 시간 낭비라고 생각되기 때문이다. 이것은 비단 나만의 편견이 아닐 것이다.

변호사인 다카이 노부오는 『3분력』이라는 책에서 "이야기를 듣는 일은 말하는 것보다 3배 이상의 에너지가 필요하다. 주의해서 들어봐야 24초를 넘기지 못한다"고 말하고 있다.

말이 지나치게 길어지면 전하고자 하는 이야기를 명확하게 전달하기 어렵고, 듣는 이로 하여금 상대에 대한 배려심이 부족한 사람 내지는 사고력이 결여된 사람이라는 인상을 주기도 한다.

그런데 아이러니하게도 처칠 수상은 다변가로도 유명하다. 일단 말을 꺼내면 좀처럼 멈추질 않았다고 한다. 또한 내세울 만한 정책이 손에 꼽힐 정도로 적다는 혹평을 받기도 했다. 일부에서는 곱지 않은 시선으로 그를 보는 사람도 적지 않았다. 게다가 처칠 수상은 지조 없이 소속 당을 여러 번 바꾸기도 했는데 그런데도 그의 인기는 식을 줄 몰랐다. 공백기가 있기는 했지만 25세부터 89세가 될 때까지 굉장히 오랫동안 정치활동을 펼쳤다.

이렇게 오랫동안 국민들의 사랑을 받은 처칠 수상은 과연 어떤 식으로 연설을 했을까?

유명한 파리 함락 후 그의 연설을 살펴보면 그 열쇠를 찾을 수 있다. 일련의 작전 보고를 받은 후 결론을 표명한 글이다.

"유럽 대부분의 영토와 수십 국의 유서 깊은 나라들이 게슈타

포와 혐오스러운 나치의 지배 아래로 넘어갔다고 해도, 또는 넘어가려 한다 해도 우리는 겁내지 않을 것이며 결코 좌절하지 않을 것이다. 우리는 계속해서 끝까지 싸울 것이다."

결론은 위의 네 줄로 요약된다. 나머지는 과장된 말이므로 굳이 읽지 않아도 된다. 그래도 참고로 옮겨본다.

"프랑스에서도, 바다에서도 그리고 점점 높아져가는 자신감과 전력으로 하늘에서도 싸울 것이다. 어떠한 희생을 감수하고서라도 우리의 섬나라를 지킬 것이다. 해안에서, 상륙 지점에서, 평원과 도로에서 그리고 고지에서도 우리는 싸울 것이다. 우리는 결코 항복하지 않을 것이다. 나는 단 한순간도 그렇게 될 리 없다고 굳게 믿고 있지만 만일 이 섬나라 내지는 그 대부분이 정복된다고 해도 바다 저편의 제국은 영국 함대를 무기로 싸울 것이다. 신대륙이 신의 가호로 구대륙의 구출과 해방에 나서는 그날까지 싸울 것이다."

처칠은 한때 저널리스트로 전쟁터에서 현장 취재를 한 경험이 있다. 그리고 결론을 먼저 말하는 것이 효과적이라는 것도 익히 알고 있다.

그래서 이야기를 길게 할 때도 먼저 결론을 제시하고 그 다음으로 결론을 미화하는 어구나 상대를 이해시키기 위한 설명을 덧붙였다.

훗날 노벨 문학상을 수상할 정도로 그는 글 솜씨가 뛰어났는

데 유명한 고전을 달달 외우고 다닐 정도였다. 그 덕에 청중이 좋아할 만한 이야기를 잘 알고 있었던 것이다.

또한 앞의 연설 내용을 살펴보면 '신대륙_{미국을 의미한다}이 도와줄 것'이라는 희망사항을 자연스럽게 이야기함으로써 미국에게는 암묵적으로 지원을 요청하는 동시에 청중들에게 희망을 심어준다는 두 가지 목적을 드러내고 있다.

결론은 세 줄이면 충분하다

이러한 처칠의 화술은 비즈니스에서도 응용할 수 있다.

결론을 먼저 제시하고 필요에 따라 세부사항을 서술하면 된다. 프레젠테이션이나 세일즈 대화에서도 마찬가지다. 간단하게 보고해야 할 경우에는 결론만 제시하는 것으로도 충분하다.

이 밖에 비즈니스 책에서 일관되게 주장하는 원칙이 있다. '결론은 짧을수록 좋다'는 것인데 생각처럼 실행하기가 쉽지 않다. 결론만 짧게 말하면 뭔가 부족한 느낌이 들어 설명을 덧붙이게 되고 그러다 보면 아무래도 커뮤니케이션에서 손실이 커지게 마련이다. 그래서 좀처럼 신속하게 의사가 전달되지 않는다.

'그럼, 어떤 식으로 보고해야 하지?' 막막하기만 한 사람들에게 레이건 대통령이 실천했다는 '3줄 요약법'을 적극 추천한다.

- ○○지역에서는 예상대로 판매 실적이 나오고 있다.
- 특히 이 지역에서는 경쟁업체의 참여가 늦어서 가장 먼저 발을 들여놓은 것이 효과적이었다고 판단된다.
- 앞으로 좀더 신속하게 판로를 개척한다면 단숨에 시장점유율을 독점할 수 있을 것으로 예상된다.

위의 보고서와 같이 결론을 세 줄로 요약해 보고하고 그것을 뒷받침하기 위한 데이터는 보고받는 사람의 요구에 따라 필요하면 나중에 자세한 보고서를 작성해 첨부하면 된다.

많은 사람들이 정보를 전달할 때는 사실을 얼마나 신속하고 정확하게 전달하는가가 중요하다고 착각하고 있다. '보고'란 현재 상황을 전달하여 다음 행동을 생각하게 하기 위한 하나의 절차이다. '겨우 세 줄로 무슨 보고를 하란 말이야?'라는 생각을 가진 사람이면 굳이 보고할 필요 없다.

실제로 프레젠테이션에서는 '3줄 요약법'이 널리 사용되고 있다. 책을 봐도 먼저 '○○한 것에는 3가지가 있습니다'라고 말한 후에 각각에 대해 설명하는 방식이 많이 사용된다.

예로부터 '3'이라는 숫자는 심리적으로 안정감을 주며 논리적으로 정리된 느낌을 준다. 그래서 설득력만 적절하게 더해지면 상대를 이해시키는 데 매우 효과적이다.

'3줄 요약법'은 유럽에서 오래전부터 연구되어 온 기술이다.

처칠이라는 명수상을 탄생시킨 영국에서는 이미 오랜 전통이 되었다.

실제로 마이니치 신문사의 런던 지국장을 맡고 있는 구로이와 도루도 이 기술을 런던의 한 대학 강사에게 배웠다고 한다. 좀더 오래된 역사를 찾아보면 카이사르가 남긴 '왔노라, 보았노라, 이겼노라'라는 명언을 들 수 있다. 인간은 아주 오래전부터 효율적인 전달 방법을 강구해 왔던 것이다.

보고, 연락, 상담 속에 숨어 있는 시간 도둑

특히 일본 기업에는 '보고' '연락' '상담'을 줄여 '보연상'이라는 체제가 있는데, 처음 의도와는 달리 종종 효율적인 커뮤니케이션에 방해가 되는 요소이다.

일본으로 건너간 외국인 기업가로서는 처음으로 상장을 이룬 '소프트브레인'의 창업자인 중국인 벤처사업가 쏭원저우는 일본의 이러한 체제를 보고 깜짝 놀랐다고 말했다. 그는 『일본의 비즈니스는 정말 특이해』라는 책에서 이렇게 말하고 있다.

"일본의 기업들은 '어느 부서에 어떤 문제가 있는가?' '문제를 해결하기 위해 우선 어떤 정보가 필요한가?' 등 정보를 사용하는 방법은 연구하지 않고 무조건 '정보 수집은 중요하니 일단 보고, 연락, 상담부터 하라'고 강요하고 있다. 그래서 사원들의 호응을 얻지 못하고 있다. '보고하라'고는 하지만 무엇을, 어떻게 보고해야 하는지조차 모르는 사원이 태반이다. 세일즈 활동을 하다 보면 다양한 정보들이 쏟아져 들어온다. 주관적인 정보가 있는가 하면 객관적인 정보도 있다. 어떤 정보를 어떻게 보고해야 회사를 위한 일인지를 모른다."

그렇다고 오해하지는 말길 바란다. 물론 '보고' '연락' '상담'은 회사가 원활하게 돌아가는 데 매우 중요하다. 정보가 원활하게 전달되지 않으면 기업은 제 기능을 못 하기 때문이다.

하지만 일본의 기업에서는 쑹원저우가 지적한 바와 같이 '보고' '연락' '상담'이 오직 상사의 자기만족을 위한 절차로 사용되고 있다. 정보 전달을 위한 보고가 아니라 관리 수단의 하나로 전락하고 만 것이다. 이렇게 된 이상 스피드업은 기대하기 어렵다.

영업부 부장인 A는 항상 부하직원들에게 아무리 사소한 일이라도 철저하게 보고하라고 지시를 내렸다고 한다. 부하직원의 보고에 일일이 '이렇다, 저렇다' 지적하기 시작하더니 어느 새 매일 엄청난 양의 보고서에 파묻히게 되었다. 거기서 그치지 않고 A는 보고서에 빨간색 펜으로 지적 사항을 적는 등 보고서 검토가 주된 업무인 것처럼 보인다. 이를 못마땅하게 여기는 몇몇 부하직원은 그의 지적을 무시하고 스스로 판단하여 일을 진행했고 보고서를 작성하는 다른 사원들보다 실적이 월등히 향상되었다. 결국 상사에게 등을 돌린 사람만이 실적이 오르는 사태가 벌어졌다.

이런 경우 자칫하면 능력 있는 사원을 경쟁 회사에 빼앗기거나 부하직원들의 반발을 살 수 있다.

'보고'는 판단을 내리기 위한 정보 수집의 과정일 뿐이다. 보고의 목적을 확실하게 인지한 다음 어떤 식으로 보고할지 결정해야 하는데 그렇지 못하면 조직 자체가 신속하게 움직이지 못한다. 따라서 보고를 할 때는 무엇보다 간결하고 정확해야 한다.

일을 시작하기까지의 시간을 최대한 줄여라

다시 처칠 수상에 대해 이야기해 보자. 보고서를 한 장 이상은 읽지 않았다는 걸로 보아 그는 상당히 성미가 급했던 것 같다. 그런 성격 탓에 어릴 적부터 친구들과 충돌이 잦았고 수상이 된 후로도 보고를 듣자마자 전쟁터로 달려가는 등, 한 나라의 수상이라고는 보기 힘든 행동을 아무렇지도 않게 벌이곤 했다. 하지만 그의 급한 성미가 빛을 발하는 때도 있었다.

흔히 낚시는 성미가 급한 사람에게 적합하다고들 하는데 이는 성미가 급한 사람은 진득하게 앉아 있지 못하고 여기저기 장소나 먹이, 낚시 기술을 바꾸는 등 다양한 행동을 취하기 때문에 가만히 있는 것보다 훨씬 빨리 물고기를 낚는 요령을 터득하기 때문이라고 한다.

처칠은 문필가로서도 크게 성공했다. 그가 문필가로 재능을 발휘할 수 있었던 것은 돈이 절실히 필요했기 때문이다. 찢어지게 가난한 것은 아니었지만 부친이 죽기 전에 남긴 빚과 모친이 진 빚을 갚아야 했고 그도 정치가가 되기 위해서는 정치자금이 필요했다. 이렇게 삼중고를 겪으면서 그는 어떻게 해서든 빨리 돈을 벌어야 했다.

그래서 글을 쓰기 시작했는데 이것이 계기가 되어 정치가가 된 이후에도 기행문에서 소설에 이르기까지 폭넓은 장르의 글을 많이 남겼다. 생각을 바로 행동으로 옮기는 그의 생활방식이 이후 노벨 문학상을 수상하는 영광을 가져다주었다고 해도 결코 과언이 아니다.

신중하게 생각하는 것보다 신속하게 행동에 옮겨야 할 때가 있다. 처칠 수상은 가끔 비난을 받을 정도로 행동이 앞서기는 했지만 위급한 전시 상황에서는 많은 사람들이 그를 원했다. 성미가 급한 사람이 모두 일을 잘하는 것은 아니지만 일이 초를 다투는 시급한 상황에서는 생각한 것을 바로 행동으로 옮기는 추진력이 필요하다.

3 피카소의 '잠재의식에 호소하는 시간술'

"그림은 나보다 훨씬 강하다. 왜냐하면 그림은 스스로 원하는 것을 나로 하여금 그리게 만들기 때문이다."
_피카소(화가)

이미지력이 행동을 빠르게 한다

앞에서는 작은 것에서부터 장해물을 개선하여 일 전체의 스피드업을 도모하는 방법을 살펴보았다. 이번에는 좀더 근본적으로 스피드업 할 수 있는 방법을 살펴볼 생각이다.

우선 '두뇌의 정보처리능력'을 활용하는 방법이 있다.

이 책은 두뇌 과학 관련 서적이 아니므로 자세한 내용은 생략하고 여기에서는 한 가지만 기억해 두자. 인간의 '두뇌'는 만능이 아니다. 잘하는 것이 있는가 하면 그렇지 못한 것도 있다. 이것을 확실하게 파악할 수만 있다면 장해물을 개선하고 신속하게 행동할 수 있다.

예를 들어 앞에서 소개한 변호사 다카이 노부오는 사람들과 이야기를 나눌 때 언어에만 의지하지 않고 머릿속으로 그림을 그린다고 한다. 그러면 자신의 생각을 쉽게 전달할 수 있기 때문이다.

익히 들어 알고 있는 '이미지 트레이닝'과 같은 원리로, 머릿속으로 미리 예행 연습을 해두면 실전에서는 미리 떠올려 놓은 이미지를 추체험追體驗, 다른 사람의 체험을 자신의 것으로 느끼는 것하게 된다. 설령 가상체험이라고 해도 한번 체험한 일에는 속도가 붙는데, 이 방법은 커뮤니케이션은 물론이고 일을 할 때도 응용할 수 있다.

아침에 일어나 회사에 출근하기 전에 그날 할 일을 머릿속으로 시뮬레이션 해보자.

'우선 사람들에게 인사를 하고 컴퓨터를 켠 후 메일을 확인한다. 그러고 나서는 어떤 일부터 시작할까?'

이런 식으로 해야 할 일을 이미지 트레이닝 하면 실제로 일을 시작했을 때 시뮬레이션 했던 대로 원활하게 일을 진행할 수 있고 신속하게 다음 행동으로 옮길 수 있다.

여기에서 한층 더 발전된 기술이 바로 '멘틀 스크린Mental Screen'이다. 이 기술은 미국의 유명한 '실버 메소드'라는 능력개발 트레이닝으로 사용되고 있는데 안정된 상태에서 자신의 행동을 영화처럼 선명하게 머릿속으로 그려보는 방법이다.

오늘 당신은 까다로운 거래처와 미팅 약속이 잡혀 있다. 게다가 무려 세 곳이나 된다. 그렇다면 전날 자기 전에 당신이 오늘

해야 할 일을 떠올려 보자.

우선 아침 일찍 출근하기 위해 집을 나설 때부터 전철을 타고 거래처로 가는 모습을 떠올린다.

첫 번째 거래처를 방문한다. 담당자에게 연락을 취하고 상담실에서 기다리고 있자니 OO 부장이 인사를 하며 들어온다.

가벼운 농담을 나누며 분위기를 띄운 후 슬슬 본론으로 들어간다.

이때 자신이 내일 입고 갈 옷 색깔부터 시작하여 거래처로 가는 전철 안에서의 풍경, 클라이언트의 얼굴 등을 선명하게 그릴수록 효과적이다. 단 주의할 것은 모든 일이 순조롭게 진행되는 상황을 그려야 한다. 그래야 심리적 압박을 완화하며 자신감을 가지고 상담을 진행할 수 있기 때문이다.

원하는 것을 항상 머릿속에 각인시켜라

심리학자인 조지프 머피 박사의 성공법칙에 따르면 자신이 원하는 것을 잠재의식에 각인해 놓으면 반드시 실현할 수 있다고 한다. 모든 법칙이 항상 맞아떨어지는 것은 아니므로 예외도 있겠지만 아무런 생각을 하지 않는 것보다 원하는 것을 생각하면서 일하면 성공할 확률이 높다.

시간을 효율적으로 사용하는 데 있어서도 목표를 명확하고 구체적으로 세우는 것도 중요하지만 그보다 '원하는 것을 반드시 하고야 말겠다'는 비전을 세우는 것이 훨씬 효과적이다.

앞에서 소개한 오구라 마사오도 '당일 배송 서비스의 실현'을 항상 머릿속에 각인해 놓았기 때문에 세부적인 문제를 하나하나 해결할 수 있었던 것이다.

나도 그 효과를 직접 경험한 적이 있다.

세일즈맨으로 활동하던 당시 나는 '언젠가는 독립하여 내 사업을 하겠다'는 꿈을 가지고 있었다. 그러려면 우선 실력을 쌓아야 했다. 그래서 차곡차곡 단계를 밟아야 한다는 결론을 내리고 그야말로 하나하나 각개격파하는 방법으로 실력을 쌓아나갔다. 그러는 동안에도 머릿속으로는 '언젠가는 독립하겠다'는 강한 의지를 불태웠다.

그랬더니 점차 영향력 있는 클라이언트와 서로 자신의 꿈을 이야기할 만큼 절친한 사이가 되었고 드디어 기회를 잡아 자연스럽게 독립할 수 있었다. 이는 비전을 각인시켜 놓은 잠재의식이 비전을 달성하도록 길을 열어주었기 때문이다.

방대한 양의 일을 빠르게 소화하는 비법

압도적인 속도로 방대한 양의 일을 소화해 낸 대표적인 인물로 프랑스의 입체파 화가 피카소가 있다. 자신이 원하는 것을 잠재의식으로 각인하는 방법이 얼마나 적극적으로 활용되었는지는 알 수 없지만 그는 살아 있는 동안 많은 양의 작품을 남겼다.

무려 6만 점에서 8만 점에 이르는 작품을 만들어냈다고 한다. 어디까지를 작품으로 보는가에 따라 그 수가 크게 달라지는데 그렇다고 해도 하루에 평균 두세 점의 작품을 남긴 셈이다.

여러 권의 베스트셀러를 낸 메이지 대학의 교수 사이토 다카시는 피카소를 일컬어 '최고의 예술가'라고 칭했다. 피카소가 작품을 만드는 스타일은 굉장히 특이했다. 평소 피카소와 친분이 있던 미술평론가 세키 신이치의 『피카소』라는 책에 의하면 그가 일하는 방식은 매우 어수선했다고 한다.

한 작업실에서 아름다운 여인의 모습을 그리는가 하면 다른 작업실에서는 정물을 그렸다. 밑그림을 그리는가 하면 다른 작품을 그리기도 하고, 다시 마음이 바뀌면 순식간에 밑그림을 그리던 작품을 마무리하기도 했다.

피카소는 회화뿐만 아니라 조각, 판화, 심지어 도예까지 했는데 그때그때 하고 싶은 작업을 멋대로 했다고 한다.

피카소처럼 본능에 충실한 것도 스피드업의 비법이라 할 수 있겠지만 누구나 쉽게 따라할 수 있는 손쉬운 방법은 아니다. 당신은 어떠한가? 피카소처럼 아무런 제약 없이 본능에 따를 수 있는가? 아마도 그러기는 힘들 것이다.

그의 작품 이외에도 방대한 양으로 유명한 것이 있다. 그는 여성 편력이 심하여 젊었을 때부터 다른 사람의 애인이나 유부녀, 동료 예술가에서 미성년자에 이르기까지 마음에 드는 사람이면 누구든 쫓아다녔다고 한다. 그가 70여 년의 생을 마감할 때 곁에 있었던 여성은 자그마치 마흔네 살이나 어린 스물여섯 살이었다고 한다.

피카소는 스스로 "나는 여인을 그리는 화가이다"라고 말했는데 그의 여성 편력은 작품을 창조하는 에너지였던 것 같다. 사이토 다카시는 그의 여성 편력에 대해 이렇게 말하고 있다.

"피카소는 일과 사생활을 구분하지 않는다. 연애를 할 때는 완전히 상대에게 몰입함으로써 연애와 일, 생활을 일체화해 버린다."

실제로 피카소는 사랑하는 여인들을 통해 작품의 영감을 얻었고 그녀들을 모델로 작품을 만들었다. 그래서 새로운 발상을 얻기 위해 새로운 여인을 찾아야 했는지도 모른다.

상대 여성들에게는 미안한 이야기지만 그 덕에 많은 작품을 남길 수 있었다. 이렇듯 피카소는 머릿속에 '원하는 것'을 각인시켜 시간을 늘리는 마법을 구사했다.

시각적인 정보를 더 빨리 받아들이는 인간의 뇌

　인간의 뇌는 아직 풀리지 않은 수수께끼와 같다. '잠재의식이다' '우뇌다' 해서 너무 깊이 들어가면 복잡해지므로 여기에서는 깊이 파고들지 않겠다. 그러나 피카소가 본능에 따라 일을 한 것과 '그림'이라는 시각적 이미지를 창조하는 일을 했다는 것은 상당한 연관성이 있다. 이는 '우뇌'가 시각적으로 사고하는 기관이기 때문이다.

　'좌뇌'는 논리적인 사고를 하고, '우뇌'는 시각적인 사고를 한다. 아마도 피카소는 '우뇌'가 발달했던 모양이다.

　'우뇌'는 직감이나 감성 등 인간의 본능에 직결된 부분을 담당한다. 즉, 피카소는 자신도 모르는 사이에 직감과 감성이 예리하게 작용할 수 있는 환경을 만들어왔던 것이다.

　그럼 여기서 잠깐 생각해 보자.

　우뇌를 사용하면 과연 일을 처리하는 속도를 높일 수 있을까? 실제로 정보를 이미지로 처리하면 뇌가 효율적으로 작용한다. 이는 뇌 과학에서 이미 증명된 사실로, 화상 데이터를 대량으로 기억할 수 있는 컴퓨터와는 비교가 되지 않는다. 그리고 이러한 뇌의 작용은 '기억 데이터를 재생하는 작업'에 깊이 관여하고 있다. 기억 데이터를 효율적으로 재생할 수 있으면 서류를 찾는 데 오랜 시간을 낭비하지 않아도 된다. 그런 점에서 시간관리술로 적극 활용할 수 있다.

해마 연구로 유명한 이케가야 유이치 박사의 『뇌 기억력을 키우다』를 참고로 설명하면 일반적으로 기억에는 '장기 기억'과 '단기 기억'이 있다.

'단기 기억'이란 그야말로 순간적인 기억으로 일곱 개가 한계이다. 반면 시험에 대비하여 꾸준히 암기하고 복습한 내용은 비교적 기억에 오래 남는데 이것을 '장기 기억'이라고 한다.

'1592년에 임진왜란이 일어났다'라는 역사적 사실을 기억해야 한다고 할 때, 단순히 있는 그대로 '1592년에 임진왜란이 일어났다'고 외우는 것은 '의미 기억'이라고 한다. 한편 수험생들이 자주 쓰는 방법으로 '일(1)본 놈아, 오(5)너라. 구(9)둣발로 이(2)겨주마'라는 문구를 외워 기억하면 쉽게 연호를 외울 수 있다. 그리고 좀더 확실하게 기억하려면 '일화 기억'으로 바꿔 기억하는 것이 효과적이다.

즉, 위의 일화를 시각화하여 시시각각 쳐들어오는 일본 놈을 향해 '일본 놈아, 오너라. 구둣발로 이겨주마'라고 외치는 조선의 용맹스러운 장군의 모습을 떠올리면 기억하기 쉽다. 특히 잊어버리기 쉬운 정보를 외울 때 사용하면 훨씬 좋은 효과를 기대할 수 있다.

세일즈를 하다 보면 명함과 이름이 잘 일치되지 않을 때가 있다. 이때 얼굴과 이름을 시각적으로 연결하면 쉽게 떠올릴 수 있다.

① OO를 볼 때마다 찐빵 같다고 생각한다.
② OO가 안흥에 산다면 찐빵과 안흥을 연결한다.
③ 그리고 'OO'라는 이름을 '안흥 찐빵'으로 떠올린다.

이렇게 정보를 시각화하면 기억력을 높일 수 있다.

뇌는 정보를 접하면 일단 모두 머릿속에 집어넣는다. 하지만 그 양이 방대하여 원하는 정보를 떠올리는 데 시간이 걸리기도 하고 때로는 실패하기도 한다. 그래서 필요한 정보는 시각화하여 기억하는 것이 좋다. 기억력을 한층 더 높이려면 자신의 경험과 연결 지어 기억하는 것이 효과적이다. 또한 그와 관련된 다양한 정보를 동시에 효과적으로 기억할 수 있는 이점도 있다.

예를 들어 재미없는 역사적 지식을 외우더라도 첫사랑과 처음으로 도서관에서 밤을 새우며 외웠다면 잊으려 해도 쉽게 잊혀지지 않는다.

명함과 이름을 일치시키는 경우도 마찬가지다. OO에게 '당신을 보면 안흥 진빵이 생각납니다. 어쩜 그렇게 빵빵하십니까?'라고 농담을 던졌다가 한 방 맞았다면 더 선명하게 기억에 남을 것이다. 믿지 못하겠다면 직접 해보길 바란다. 대신 어떤 사태가 벌어져도 책임지지 않는다.

일에 대한 집착이 속도를 높인다

잠깐 기억에 대한 이야기로 빠지기는 했지만 피카소가 많은 양의 작품을 만들 수 있었던 것은 '원하는 것'에 대한 강한 집착 때문이었다. 머릿속에 '원하는 것'을 각인시켜둔 덕에 진심으로 그 일을 좋아하게 된 것이다.

우리도 그처럼 '하고 싶은 일'에 대한 의욕을 불태우려면 어떻게 해야 할까? 정말로 하고 싶은 일이 있다면 그 일에 철저하게 집착하라.

앞에서 소개한 오구라 마사오의 "여러분이 운반하는 짐과 그 짐의 주인에게 푹 빠지십시오"라는 말에도 일에 대한 집착이 드러나 있다. 피카소가 자신을 일컬어 "나는 여인을 그리는 화가이다"라고 말했던 것도 그림에 대한 집착을 보여준다.

이들 마음속에 깊이 뿌리내리고 있는 일에 대한 집착이 스피드업으로 연결되어 마침내 성공의 기쁨을 안겨주었던 것이다.

일을 본능에 맡긴다는 것은, 즉 '반드시 이 일을 하고야 말겠다'는 일에 대한 열정으로 머릿속에 각인되는 것이다. 사실 '집착'이라는 단어는 부정적인 이미지가 강하다. 그러나 일을 할 때만큼은 철저하게 일에 집착해야 한다.

피카소는 여자에게 집착했다. 그렇다고 여자에게만 집착했던 것은 아니다. 그의 작품으로 유명한 〈아비뇽의 처녀들〉은 피부

색이 다른 다섯 명의 여인들을 그린 특이한 그림이다. 마치 낙서를 한 것 같은 느낌을 준다. 동판화 연작 등 1년 동안 347점의 작품을 만들어낸 어마어마한 속도에도 불구하고 그는 이 그림을 완성하는 데 1년이 걸렸다. 반면 전쟁을 테마로 한 세기의 대벽화 〈게르니카〉는 한 달 정도밖에 걸리지 않았다고 한다.

　아이러니하게도 굉장한 스피드를 자랑하던 그가 1년이라는 시간을 들여 완성한 〈아비뇽의 처녀들〉은 오랫동안 작업실에 굴러다녔다고 한다. 이것만 봐도 그가 사람들의 시선을 의식하지 않고 자신이 그리고 싶은 것을 그려 나갔다는 것을 알 수 있다. 그의 작품에 대한 집착이 느껴지지 않는가?

제5장

행동주의자의 시간 혁명

1  바로 행동에 옮기는 기술

"자신에게 주어진 '시간'을 고려하여 '자신의 의지'로 '자유롭고 자주적으로 행동'하고, 그러한 행동을 스스로 이해할 수 있다면 고통의 시간도 얼마든지 자신을 표현하기 위한 시간'으로 바꿀 수 있다."
— 가네코 아키래신에츠 화학공업 고문

의욕이 생기지 않는 10가지 원인

이번 장에서 다룰 내용은 '의욕'이다. 제1장에서 말했듯이 일을 시작할 때 가장 많은 의욕이 필요하다.

다음과 같은 과제가 주어졌다고 하자.

'어디든 상관없으니 지금부터 한쪽 길이가 2미터, 깊이가 4미터인 굴을 파십시오.'

이때 '네, 알겠습니다'라고 말할 사람은 없을 것이다. 이런 중노동을 해야 하는 이유도, 자신이 해야 한다는 필연성도 느끼지 못하기 때문이다.

그렇다면 상사가 이 같은 명령을 내렸다면 어떻게 될까? '그래, 한번 해보는 거야'라는 마음이 생길까?

그렇지 않을 것이다. 이는 보고서를 작성하거나 경비 서류를 정산하는 일에서부터 여름방학 숙제, 언젠가 제안하려고 생각 중인 기획, 미래를 위한 공부, 방 정리 등 어떤 경우에도 마찬가지다.

일을 시작하지 못하고 망설이는 이유는 그 일을 행동으로 옮기기 위한 동기가 없기 때문이다. 필연성이나 의미를 안다고 해서 의욕이 생기는 것도 아니다.

예를 들어 '당신을 묻을 굴을 파라'고 말한다면 말이 채 끝나기도 전에 도망가 버릴 것이다. 또한 '사실은 그 구멍에 기둥을 세워 궁전을 세우려고 합니다. 그 궁전의 주인은 첫 기둥의 구멍을 판 사람입니다'라고 말하면 바로 파러 갈 것이다.

즉, 망설임 없이 일을 진행하려면 의욕을 불러일으켜야 한다.

가네코는 세계적으로도 높이 평가받고 있는 우량기업 신에츠화학공업에서 오랫동안 경리 업무를 담당해 온 인물로, 그 분야에 관한 저서를 많이 갖고 있다. 그는 『일을 잘하는 사람은 바로 행동에 옮긴다』에서 '의욕이 생기지 않는 원인'으로 다음의 10가지를 들고 있다.

1. 하고 싶은 일이 따로 있다.
2. 하고 싶지 않은 일에 시간을 빼앗기는 것이 싫다.
3. 자신이 하지 않아도 된다고 생각한다.

4. 해도 소용없다는 것을 알고 있다.
5. 일이 단조로워 시작하기 어렵다.
6. 마음이 내키질 않는다.
7. 자신 없는 일이다.
8. 그 일을 해봐야 아무도 평가해 주지 않는다.
9. 그 일을 해봐야 전혀 즐겁지 않다.
10. 그 일을 해봐야 아무도 기뻐하지 않는다.

　가네코는 뭐든 귀찮아하는 성격 탓에 좀처럼 일에 대한 의욕이 생기지 않아 고생했다고 한다. 경리라는 일은 바로바로 일을 처리해야 할 때가 많은데 시간이 촉박하면 아무래도 실수가 생기게 마련이고 사소한 실수가 회사 전체를 큰 혼란에 빠트리기도 했다. 그러다 보니 빨리 일을 진행해야 하는데도 좀처럼 의욕이 생기지 않았다.
　그래서 가네코는 의욕이 생기지 않는 원인을 철저하게 분석하고, 행동해야 하는 이유를 스스로에게 이해시켜 동기를 부여함으로써 이러한 문제를 해결했다.

심리학자들이 말하는 의욕을 상실한 사람들의 변명증후군

가네코는 의욕을 불러일으키는 데 있어서 탁월한 재능을 가진 사람이다. 그는 일에 대한 책임감이 강하여 어떠한 경우에도 결국에는 자신을 다독여 일을 진행했다.

회사 내에 자극제가 되는 상사가 있으면 그나마 일을 빨리 진행할 수 있다. 하지만 불행하게도 쓸데없이 잔소리만 늘어놓는 상사를 만나거나 지시하는 사람이 없는 위치가 되면 행동으로 옮기기까지 의욕을 불러일으키기가 상당히 어렵다.

'오늘은 반드시 일을 시작해야지'라고 굳게 마음먹고 책상 앞에 앉아 보지만 좀처럼 일이 손에 잡히지 않는다. 얼마 되지 않아 '뭐, 새로운 소식이 없을까'라며 조금 전에 열어본 이메일을 다시 체크한다. 당연히 새로운 메일이 와 있을 리 없다. 실망하며 이번에는 인터넷에 접속하여 웹서핑을 하다 그나마도 지겨워 다시 일을 시작하려고 시계를 보니 벌써 1시간이 지나버렸다.

나는 원고 마감일을 어긴 적이 거의 없다. 그래서 시간관리술에 자신 있는 편이지만 의욕이 생기지 않아 애먹은 적이 여러 번 있다. 예전 회사에서 하루 종일 인터넷만 보며 전혀 일을 하지 않는 사람이 있었다. 발등에 불이 떨어져야만 일을 시작하곤 했는데 이러한 증상에 대해 심리학에서도 정의를 하고 있다. 심리학자 수전 로버트는 『'꾸물증'을 완치하는 책』에서 의욕이 생기지 않는 사람을 이렇게 분류하고 있다.

1. 불안증 – 안 좋은 결과가 나오지는 않을까 불안하다.
2. 실패공포증 – 자신감이 부족하고 실수를 할까 봐 두렵다.
3. 자기부정성 – 그러다가 누군가 해주는 것이 효율적이라고 생각한다.
4. 완벽성 – 성과를 올리려면 지금 이대로는 불충분하다고 생각한다.
5. 집중력 부족 – 자신이 해야 할 일이 별로 중요하게 생각되지 않는다.

가네코의 분석과도 일치하는데 이 5가지 원인은 전부 '변명'에 지나지 않는다. 의욕이 없는 사람은 의욕이 생기지 않는 이유를 찾아 자신의 행동을 정당화하려고 한다. 그러므로 변명거리를 없애면 바로 행동으로 옮길 수 있다.

인간의 심리를 이용한 행동 트레이닝

변명거리를 없애려면 어떻게 해야 할까?
엄격한 직속 상사의 존재나 일을 하지 않았을 때 따르는 처벌은 변명거리를 없애는 데 효과적이다. 단 지나친 경우 극심한 스트레스를 받을 수 있으니 주의하길 바란다.

그나마도 없다면 스스로를 이해시키는 수밖에 없다.

스스로를 이해시키는 데는 '들려주는 방법'이 효과적이다. 그러나 '변명 증후군' 때문에 생각처럼 쉽지 않다.

'내가 그 일로 좋은 성과를 올리는 건 불가능해' '만일 실수라도 하면 어쩔 셈이야?' '나에게는 이것보다 더 간절히 원하는 일이 있잖아?'라며 스스로를 매도하고 있지는 않은가? 이때 '걱정스러워서 그러는 건 이해해. 하지만 언젠가는 꼭 해야 할 일이야'라고 '들려주는 방법'을 사용하라. 일을 해야 한다는 사실을 스스로에게 들려주어 동의를 얻으면 행동 지침을 제시할 수 있다.

이 방법은 카운슬러들이 자주 사용하는 방법이기도 하다.

인간은 목적을 달성하고자 하는 욕구보다 이해받거나 인정받고 싶은 욕구가 훨씬 강하다. 심리학자 매슬로가 주장한 '인간의 5단계 욕구설'을 살펴보자.

1. 생리적 욕구 – 자고 싶다. 먹고 싶다.
2. 안전 욕구 – 안전하게 살고 싶다.
3. 애정 욕구 – 누군가와 함께 있고 싶다. 다른 사람들과 동일해지고 싶다.
4. 존경 욕구 – 존경받고 싶다. 높은 평가를 받고 싶다.

5. 자기 실현 욕구 - 자신의 꿈을 실현하고 싶다.

'생리적 욕구'와 '안전 욕구'가 채워지지 않은 사람은 이런 책을 읽고 있을 여유가 없다. 또한 '애정 욕구'와 '존경 욕구'가 채워지지 않은 상황에서는 아무리 '바로 행동으로 옮겨라'고 말해도 좀처럼 의욕이 솟지 않는다.

나도 글을 써야 하는데 웹서핑에 빠져 있을 때가 종종 있다. 그래서 생각해 낸 것이 내가 해야 할 일을 많은 사람들에게 공표하는 방법이다.

'저는 지금 '시간'을 테마로 한 책을 쓰고 있답니다.'

'아, 그래요? 저도 그런 데 관심이 많습니다.'

'그럼 책이 출간되면 한 권 보내드리죠.'

이렇게 해서 '사람들에게 인정받고 있다'는 일종의 '착각'을 스스로에게 불러일으키면 신기하게도 의욕이 생긴다. 또 '이번 페이지만 끝내면 친구에게 메일을 보내야지'라는 식으로 빨리 일을 마쳐야 할 목표를 만드는 방법도 있다.

일단 한 발을 내딛어라

즉석에서 동기부여를 하는 방법도 있다. 바로 '자기 실현 욕구'를 낮추는 것으로 상당히 효과적이다.

예를 들어 원고를 써야 하는데 의욕이 생기지 않는다. 이때 '오늘 중으로 어떻게든 절반은 완성해야지'라고 무리한 목표를 세우면 '어떻게 하루 만에 그렇게 많은 양의 글을 쓸 수 있겠어? 그건 무리야. 차라리 그만둘까?'라는 생각이 들어 오히려 의욕이 사라진다.

반대로 이렇게 생각하면 어떨까?

'뭐, 그렇게 서두를 필요 없잖아? 일단 대략적인 줄거리라도 적어둘까?' 또는 '글을 쓰는 데 참고가 될 만한 자료라도 찾아봐야지'라는 식으로 방향을 전환하거나 직접 글을 쓰는 것은 아니지만 도움이 될 만한 다른 일을 한다. 이렇게 쉬운 일부터 시작하면 억지로 하지 않아도 자연스럽게 일이 진행된다. 일이 즐거워지면 능률은 저절로 따라오는 법이다.

그래도 안 된다면 이렇게 생각해 보자.

'그까짓 거 꼭 지금 안 해도 괜찮아. 다음에 하지 뭐.'

마음을 비우고 영화를 보거나 서점 또는 스포츠센터에 가보자. 시간을 자유롭게 낼 수 없는 직장인이라면 책상 주변을 정리하거나 동료들과 잡담을 나누며 기분 전환하는 것도 좋다. 그리고 마음이 안정되면 사소한 것이라도 좋으니 아무 일이나 일단 시작해 보자. 일단 첫 걸음을 떼면 다음 일을 진행하는 촉진제가 될 것이다.

그래도 도저히 일을 진행할 엄두가 안 날 때도 있을 것이다.

예를 들어 업무상 큰 실수를 했는데 꾸지람 들을 것이 두려워 상사에게 보고하는 것을 차일피일 미루는 경우도 있다. 이때 꾸물거리며 행동을 미루면 소중한 시간이 낭비될 뿐만 아니라 문제를 해결하기 힘들어진다. 그러므로 어떻게 해서든 동기부여를 만들어내야 한다.

가네코는 동기부여를 만드는 방법으로 다음의 3가지를 소개하고 있다.

(1) 자신을 위한 일이라고 생각하라.
(2) 조금만 상대의 마음을 헤아려라.
(3) 일단 행동으로 옮겨라.

위의 방법을 가지고 생각해 보자.

우선 꾸지람을 듣는 것은 자신을 위한 일이라고 생각한다. 그리고 화를 내는 상사의 마음을 헤아려본다. 너무 화가 나서 자신을 상대하기 싫었을 텐데도 자신을 위해 문제점을 지적해 주었다. 이런 일련의 과정을 옆에서 지켜본 사람들은 자신의 사례를 통해 깨달음을 얻을 것이므로 일단 보고하자고 마음먹는다.

이렇게 하면 상사에게 보고하러 가는 발걸음이 한결 가벼워진다.

바로 행동에 옮길 수 있는 동기부여를 만드는 법

'이해받고 싶다' 또는 '인정받고 싶다'는 잠재 욕구를 이용하여 의욕을 높이는 것이 포인트

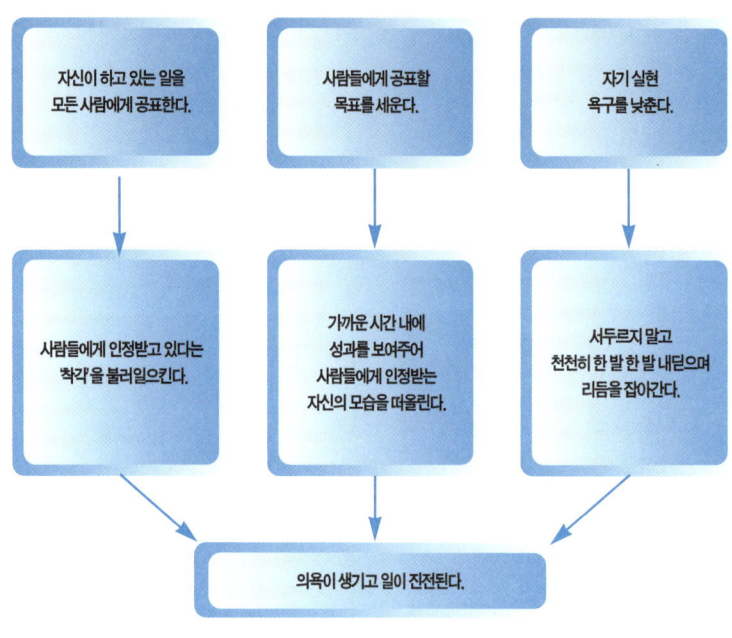

■ 업무적인 실수를 보고해야 하는 경우

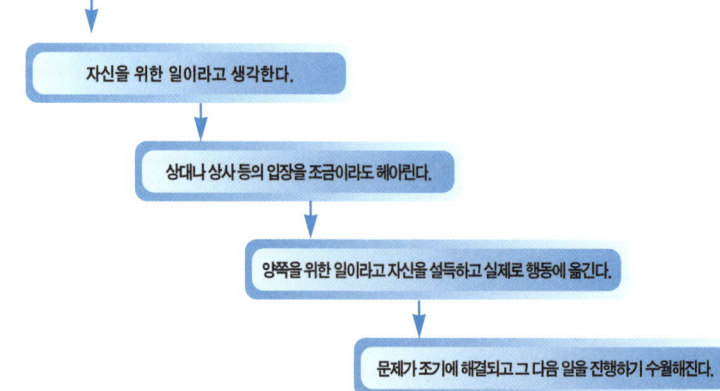

이때 중요한 것은 '꾸지람을 듣는 것'이 행동의 목적이 되어야 한다는 것이다. 그래야 꾸지람을 듣는 것에 의미를 부여할 수 있고 비로소 제 역할을 할 수 있기 때문이다.

　이러한 사고방식은 부정적인 감정을 없애고 일 자체에 재미를 느끼는 데도 효과적이다. 일단 일에 재미가 생기면 능률은 급격하게 상승한다. 자세한 내용은 다음 장에서 살펴보기로 하자.

2 사우스웨스트 항공사의 시간 혁명

"고정자산이 한 시간에 약 800킬로미터의 거리를 이동하는
이 업계에서는 항상 발 빠른 대응이 중요하다."
_ 허브 캘러허(사우스웨스트 항공사 창업자 겸 회장)

일이 즐거우면 능률은 오른다

제4장에서 나는 평소 당신이 어떤 일을 하고 있는지 자세히 적어보라고 말했다. 그리고 그 일 하나하나가 재미있는지도 생각해 보라고 말했다.

그럼 이번에는 포스트잇 한 장에 그 일들을 하나씩 적어보자. 다 적었으면 '의욕이 생기는 일'과 '의욕이 생기지 않는 일'로 나눈다. 그런 다음 '의욕이 생기는 일'에서 한 단계 발전시켜 '자신이 지금부터 하고 싶은 일'을 떠올려 보자. 그리고 '의욕이 생기지 않는 일'들 중에서 '자신이 지금부터 하고 싶은 일'을 위해 '반드시 해야 하는 일들'을 골라낸다.

그러면 (A) '자신이 지금부터 하고 싶은 일'과 (B) '의욕이 생기는 일', (C) '해야 할 일', (D) '의욕도 없고 해야 할 필요도 없는 일'로 나눌 수 있다.

(D) '의욕도 없고 해야 할 필요도 없는 일'은 하고자 하는 마음도 안 생기지만 설사 생기더라도 아무런 도움이 되지 않으므로 제거해야 한다. 한편 다른 세 가지 일은 하면 도움이 되고 재미도 있다. 그런데도 의욕이 생기지 않는 이유는 결과가 눈에 보이지 않기 때문이다.

'컨베이어벨트'를 예로 들어보자.

제2장에서 도요타의 생산방식을 소개했을 때 잠깐 거론했듯이 도요타에서는 캐터필러 장치를 통해 부품이 운반된다. 부품이 자기 앞에 오면 각자 맡은 부품을 부착하고 다음 사람이 작업을 할 수 있도록 다시 캐터필러에 싣는다. 이러한 일련의 과정을 통해 제품이 완성된다. 매일 따분한 단순노동이 반복된다. 얼핏 보기에는 시간 낭비가 가장 적고 빠르게 제품을 만드는 시스템처럼 보인다. 실제로 과거에는 자동화 시스템을 통해 대량 생산이 이루어졌다.

그러던 어느 날 한 전기 제조업체에서 한 사람이 제품을 처음부터 끝까지 혼자 힘으로 만들면 효율성이 어떻게 될지 실험했다고 한다. 과연 결과가 어떻게 나왔을까? 무려 6분이나 작업 시간이 단축되었다.

지금은 많은 제조업체에서 이 방식을 도입하고 있다. 과연 혼자서 제품을 만들었을 때 작업 시간이 단축된 이유는 무엇일까?

이유는 간단하다. 일이 재미있어졌기 때문이다. 결과가 보이면 일이 재미있어진다. 매일매일 같은 일을 반복하다 보면 쉽게 질리고 의욕도 사라져 자신도 모르는 사이에 나태해지게 마련이다.

이와는 달리 처음부터 끝까지 모든 공정을 완벽하게 소화해 내려면 일의 전체상을 파악해야 하고 스스로 더 효과적인 방법을 찾게 된다. 그러면 자연스럽게 두뇌를 사용하게 되고 결과적으로 일에 집중할 수 있어 속도가 빨라진다.

앞에서 나왔던 도쿄 대학교 대학원 교수 다카하시 노부오는 '미래경사 원리未來傾斜原理'라 하며 '미래에 대한 전망'이 기업에 어떤 작용을 하는지를 설명하고 있다.

즉 '미래에 대한 전망'은 사원들이 그 기업에 정착했는가를 알 수 있는 지표가 된다. 지금은 비록 힘들어도 밝은 미래를 기대할 수 있으면 사원들은 회사에 남지만 전망이 밝지 못하면 사원들은 회사를 떠날 것이다.

밝은 미래가 보이면 일에 재미가 생긴다. 일에 재미가 생기면 의욕은 자연스럽게 따라온다. 또한 의욕은 일의 능률을 높인다.

파격적인 경영으로 알려진 호리바제작소의 회장 호리바 마사오는『남의 말을 듣지 마라』에서 이렇게 말하고 있다.

"일에 재미를 느껴라. 일이 재미없으면 능률은 오르지 않는다. 능률이 오르지 않으면 작업 시간이 길어지고 점점 일하는 것이

고통스러워진다."

장기적인 전망을 세우는 것만이 전부는 아니다

'결과가 눈에 보이면 일이 재미있어지고, 일의 능률도 향상된다'는 이치는 이제 모두 이해했을 것이다. 시간관리술에서도 마찬가지다.

우선 인생의 결승점을 그려보자. 원하는 모든 것이 이루어져 행복하고 기쁨이 넘치는 삶을 그려보자. 되도록 마음속으로 선명하게 그 모습을 떠올리며 결승점에 도달하는 시간을 관리한다. 행복하고 기쁨이 넘치는 삶을 떠올리는 것은 일의 재미를 갖게 하는 데 도움이 될 것이다. 당장 내일부터 실천해 보자.

'좋아, 한번 해보는 거야'라고 굳게 마음을 먹어도 생각처럼 쉽지는 않을 것이다.

요컨대 장래 목표나 장기적인 전망을 세우는 것만으로는 지금 해야 할 일의 결과가 보이지 않기 때문이다. 바로 눈앞의 결과가 보이지 않으면 동기부여를 끌어내기 어렵다.

일이 너무 재미있어서 짧은 시간 안에 일을 마쳤다고 하자. 이 경우 일을 시작하기 전에 '이 일을 하면 앞으로 행복한 삶을 누릴 수 있겠구나'라고 좋은 결과를 기대할 수 있어서 일이 재미있었던 것은 아니다. 그저 일 자체가 재미있었을 뿐이다.

즐거운 일은 굳이 결승점을 떠올리지 않아도 의욕이 생긴다. 그러나 전혀 즐겁지 않은 일은 억지로 자신의 목표를 갖다 붙인다고 해서 의욕이 생기는 것이 아니다. 오히려 강한 거부감을 일으키기도 한다. 의욕 없이는 진행할 수 없는 일은 '재미'를 찾아야 순조롭게 진행할 수 있다. 이런 경우 당신이라면 어떻게 하겠는가?

미국의 사우스웨스트 항공사의 사례를 살펴보자.

이 기업을 선택한 이유는 미국에서 '재미있는 기업'으로 손꼽히고 있기 때문이다. 굉장히 특이할 뿐만 아니라 한때는 미국에서 가장 일하고 싶은 기업으로 뽑히기도 했다. 2002년 9·11테러로 미국의 항공사 대부분이 큰 타격을 입었는데도 유독 사우스웨스트 항공사는 2억 4천만 달러의 순이익을 기록했다.

그렇다면 사우스웨스트 항공사가 사람들의 흥미를 끄는 이유는 무엇일까?

사우스웨스트 항공사에 대한 이야기를 쓴 책『너츠』케빈. 재키 프라이버그의 권두화卷頭畵만 봐도 기업의 이미지를 파악할 수 있다.

우선 첫 페이지에는 빨간색과 노란색으로 칠해진 미국풍의 여객기가 그려져 있다. 다음 페이지에는 성별을 구별하기 힘든 치어리더 같은 복장을 한 스튜어디스들의 그림이 있다. 그리고 좌석 위에 있는 화물칸에 숨어 고객을 깜짝 놀라게 하는 승무원과 와이셔츠에 짧은 반바지 차림으로 출근하는 사원들이 그려져 있다. 마지막으로 고객과 사원들에게 보내는 나르는 그림책 같은 깔끔한 카드와 파티에 여장을 하고 나타난 허브 캘러허 회장의 사진이 수록되어 있다.

    이쯤 되면 이 기업이 얼마나 파격적인지 알 수 있을 것이다.

사우스웨스트 항공사가 이루어낸 '하늘의 시간 혁명'

    아무리 사우스웨스트 항공사가 파격적이고 재미있다고 해도 그것만으로는 전망 있는 기업이라고 할 수 없다. 이 기업이 전망 있는 기업으로 손꼽히게 된 가장 큰 이유는 '모든 사람들에게 하늘을 평등하게 이용할 수 있도록 하고, 국내 항공 여행을 일반 사람들에게 개방한다'는 목표를 철저하게 이뤄낸 데 있다.

    즉, '저렴한 항공요금'과 '정확한 비행 시간'을 목표로 하고 있다. 그러려면 불필요한 비용을 줄여야 한다. 그래서 비교적 시간이 짧은 비행에서는 식사 서비스를 제공하지 않는다.

    그런데 아무리 비용을 줄이기 위해서라고 해도 서비스를 제공하지 않으면 고객의 불만을 살 수 있다. 그래서 생각해 낸 방법이 '실행 가능한 퍼포먼스로 최대한 고객을 즐겁게 해주자'는 아이디어였다. 이들은 회사와 사원이 한 마음 한 뜻이 되어 다양한 방법을 모색해 냈다. 그 대표적인 방법으로 입담 있는 기내 방송으로 자칫 지루할 수 있는 비행에 활력을 불어넣는 것이었다.

아무리 기업이 그럴듯한 목표를 세우고 실현하도록 강요해도 사원이 따르지 않으면 아무 소용 없다. 그래서 사우스웨스트 항공사는 우선 자신들이 하는 일이 얼마나 의미 있는지 사원들에게 이해시켰다.

예를 들어 '모든 사람들에게 하늘을 평등하게 이용할 수 있도록 하고 국내 항공 여행을 일반 사람들에게 개방한다'는 목표에 대해 사우스웨스트 항공사는 사원들에게 다음과 같은 고객을 예로 들어 이해시키고 있다.

- 멕시코계의 여학생19세 : 생계를 꾸리기 위해 라스베이거스에서 댄서로 일하고 있지만 법률 학위를 따서 멋진 캐리어 우먼이 되고 싶어 한다. 비행 시간이 정확하고 통학할 수 있을 정도로 항공료가 저렴하면 일을 하면서 대학을 다닐 수 있다.
- 증권투자상담원45세 : 일이 너무 바빠 가정에 소홀하다는 이유로 아내에게 이혼당했다. 아내는 딸을 데리고 뉴욕으로 이사를 가버렸지만 주말에 12시간 동안은 딸아이를 만날 수 있다. 이미 충분히 반성하고 있으며 어떻게 해서든 시간을 만들어서 딸을 만나러 가고 싶다. 시간이 나면 바로 뉴욕으

로 갈 수 있으면 좋겠다.

사원 전원이 자신이 하는 일의 의미를 이해하고 목표를 달성하기 위해 진심으로 열심히 일할 때, 많은 사람들의 희망을 실현할 수 있다는 것을 철저하게 이해시킨 것이다.

즉, 일의 결과가 확실히 보이게 한 것이다. 그로써 일에 대한 집중력을 높이며 자부심을 가지고 즐겁게 일할 수 있도록 했다.

일의 본질을 이해하면 진지하게 일에 임할 수 있고 스피드업도 가능하다. 설사 그렇지 못하더라도 '의욕'이 생기지 않는다는 이유로 불성실한 태도를 보이는 사원은 없을 것이다.

실제로 사우스웨스트 항공사에서는 이런 일이 있었다고 한다.

바람이 강하게 불던 어느 날, "오늘은 화물과 우편물이 상당히 많으니 각별히 신경 써 주십시오"라는 기장의 지시가 있었다.

"알겠습니다"라고 대답은 했지만 막상 도착하고 보니 승객들로 몹시 북적거려 도저히 우편물을 내릴 수가 없었다.

그때 기장이 나와 어디론가 가버렸다.

사람들은 '다음 비행이 있는데 어딜 가는 거지?'라고 의아하게 생각했다. 그런데 그들은 곧 작업복도, 장갑도 착용하지 않은 채 이륙이 지연되지 않도록 짐을 내리고 있는 기장을 발견할 수 있었다. 기장은 철저하게 시간을 시키기 위해 자신이 최대한 할 수 있는 일을 스스로 실행하고 있었던 것이다.

목적이 분명하고 그 일을 통해 자신이 이루고자 하는 것이 무엇인지 확실하면 머릿속으로 이것저것 재지 않아도 몸이 저절로 움직인다.

사우스웨스트 항공사는 업계에서도 전례가 없을 정도로 비행시간을 철저하게 지키고 있다. 사원 개개인의 문제 해결력이 뛰어나기 때문에 실현할 수 있었을 것이다.

시간관리를 하는 데 있어서 '의욕'은 없어서는 안 될 요소라는 것을 다시 한 번 느낄 수 있었다.

3  헤밍웨이의 '효과적으로 휴식을 취하는 기술'

> "아프리카에서는 아침에 진실이었던 것이 낮에는 거짓이 되는데도 전혀 신경 쓰지 않는다. 이는 태양이 비춘 암염 저편으로 보이는 호수, 녹색 풀로 둘러싸여 아름답고 선명하게 보이는 호수와 같다."
> _어니스트 헤밍웨이(작가)

헤밍웨이의 '일'과 '놀이'의 시간

이번 장에서는 '의욕'이라는 테마를 다루고 있다. 마지막으로 의욕을 높이기 위한 일환으로 '휴가를 취하는 방법'에 대해 살펴보자.

많은 시간관리 책이나 자기계발 책에서는 '일을 할 때는 열심히 일만 하고 놀 때는 화끈하게 놀아라'고 일과 놀이를 구분 짓고 있다. 그렇다면 과연 일 잘하는 사람은 모두 일과 놀이를 분명하게 구분 지을까?

사실은 그렇지 않다. 이는 기발한 아이디어를 내는 사람들은 반드시 '노는' 중에도 일하는 데 필요한 중요한 정보를 얻는 것을 보면 알 수 있다.

그 대표적인 인물로 휴가를 만끽하면서 많은 작품을 집필한 작가 헤밍웨이를 들 수 있다. 그는 바다에 요트를 띄우고 낚시를 하며 여행을 즐겼다. 그의 일생은 긴 휴가와 같았다. 그렇다고 그가 놀고만 있었던 것은 아니다. 그의 작품을 보면 알 수 있듯이 그에게 있어 놀이는 작품 활동과 직결되었다.

『해는 또다시 떠오른다』 - 이탈리아와 스페인에서 보낸 장기 휴가를 반영하고 있다.
『무기여 잘 있거라』, 『누구를 위하여 종은 울리나』 - 종국에 이른 반파시즘 운동을 반영하고 있다.
『노인과 바다』, 『만류 속의 섬들』 - 쿠바에서 즐긴 그의 취미 낚시를 반영하고 있다.
『콩고 강』 - 아프리카 여행을 반영하고 있다.

이렇게 그의 장편소설 대부분이 사생활을 그대로 반영하고 있다. 또한 스페인, 쿠바, 아프리카 등 자신이 좋아하는 나라를 작품의 무대로 삼고 있다. 작품의 제재 또한 전쟁이나 낚시, 사냥 등 개인적인 취향이 그대로 드러난다.

그는 자신의 사생활의 일부를 테마로 작품을 썼다. 그래서 장르의 폭이 굉장히 좁아 문학을 좋아하는 사람들에게는 재미없게 느껴질 수도 있을 것이다. '어떻게 노벨 문학상까지 받았을까?'

라고 의아하게 생각하는 사람도 있을 것이다.

헤밍웨이는 흔히 '행동형 작가'로 일컬어지는데, 이는 자신이 어떠한 행동을 취하고 그 경험을 제재로 창조력을 늘리는 사람을 일컫는다.

이들의 인생은 소설 속의 세계와 상당 부분 일치한다. 하지만 자신의 인생만을 소설의 제재로 하기에는 너무 단조롭다. 그래서 헤밍웨이는 의도적으로 방탕한 인생을 즐겼다.

사후에 발표된 장편 『콩고 강』에 수록되어 있는 그의 연표를 보면 작품 하나를 탈고하기까지 오랜 시간이 걸렸음을 알 수 있다. 이는 작품을 쓰기 위해 제재가 될 만한 흥미진진한 삶을 살아야 했기 때문이다.

첫 장편소설 『해는 또다시 떠오른다』가 출간되기 전에는 이탈리아와 스페인에 오랫동안 머물렀는데, 이를 무대로 작품을 썼다.

『무기여 잘 있거라』를 집필한 후에는 와이오밍 주에서 사냥을 즐겼다. 『누구를 위하여 좋은 울리나』를 집필했을 때도 마찬가지였다. 그리고 사고로 우연히 시작된 아프리카 여행도 『노인과 바다』의 작업이 끝난 시기와 일치한다.

쿠바와 같이 낭만적인 곳에 살면 누구라도 그랬겠지만 헤밍웨이 역시 매일같이 '노는 시간'을 설정해 두었다.

그렇다고 매일 놀고먹은 것은 아니다. 새벽부터 정오까지는 집필에 전념하고 나머지 시간에는 수영장에서 수영을 하거나 테니스, 낚시 등 레포츠를 즐겼으며 가끔은 해변에서 칵테일을 마시며 여유를 만끽했다.

이러한 생활방식에 대해 헤밍웨이 자신은 이렇게 말하고 있다.

"내가 쿠바에 사는 이유는 쿠바를 사랑하기 때문이다. 그렇다고 해서 다른 나라가 싫다는 의미는 아니다. 내가 쿠바를 사랑하는 가장 큰 이유는 이 나라에 있으면 아무에게도 방해받지 않고 일에 몰두할 수 있기 때문이다."

그의 이야기를 통해서도 우리는 그가 '놀이'와 '일' 두 가지에 진지하게 몰두하는 생활방식을 확립하고 있었음을 알 수 있다.

'ON'과 'OFF'를 명확하게 구분하라

비즈니스 컨설턴트 나카지마 다카시도 이 같은 방법으로 시간 관리를 하고 있는데 그는 하루를 8시간씩 3등분하고 있다.

- 아침 시간 – 새벽 4시부터 정오까지 8시간
- 오후 시간 – 정오부터 저녁 8시까지 8시간
- 취침 시간 – 저녁 8시부터 새벽 4시까지 8시간

'아침 시간'은 3장에서도 설명했듯이 집중력이 오르는 시간이므로 이 시간에는 글을 쓰거나 연구하기에 적합하다. '취침 시간'은 잠을 자는 시간을 말한다.

보통 우리가 열심히 일하는 시간은 '오후 시간'인데, 나카지마는 이 시간을 '미래를 위한 일'을 하는 시간이라고 말하고 있다.

'미래를 위한 일'이란 다음 일을 진행하기 위한 아이디어를 수집하는 것이다. 어렵게 생각할 필요 없다. 업계 사람들과 정보를 나누거나 요즘 잘 팔리는 책, 또는 인기 있는 영화를 보면 된다.

사실 세일즈맨에게는 이런 생활이 불가능하다. 나카지마는 '오후 시간'의 절반을 이러한 작업에 활용하고 있는데 남들이 보기에는 시간을 낭비하고 있는 것처럼 보여도 이러한 시간들이 그가 일을 하는데 강력한 원동력이 되고 있다고 말한다.

나카지마는 이미 100여 권이 넘는 책을 집필했다. 그런데도 그의 아이디어는 여전히 무궁무진하다. 글을 쓰는 사람에게 있어서 아이디어는 곧 작가의 생명력과도 같다.

경영자들을 보라. 업무 시간에 골프나 치러 다닌다고 못마땅하게 생각하는 사람도 많지만 그들이 함께 골프를 즐기는 사람들은 대부분 일과 깊은 관련이 있는 사람들이다. 『ON과 OFF』라는 책을 쓴 소니의 전 CEO 이데이 노부유키는 세대를 넘어선 폭넓은 '놀이 상대'를 가지고 있다고 한다. 그들은 그에게 새로운 아이디어를 제공하는 역할을 한다.

일 잘하는 사람은 '일하는 시간'과 '노는 시간'을 확실하게 구분할 줄 알지만 그렇다고 일하는 시간에는 일만 하고 노는 시간에는 놀기만 하는 것이 아니다. 오해하지 말길 바란다. 그들은 보통 사람들보다 놀이 자체를 즐기면서 그때 받은 감동을 일로 이끌어내는 힘을 가졌다.

실제로 놀이를 즐기면서 진심으로 재미를 느껴야 기발한 아이디어가 떠오른다. 그래서 'ON'과 'OFF'을 구분할 줄 알아야 한다. 일 잘하는 사람은 'ON'과 'OFF'를 명확하게 구분 짓고 있다. 이렇게 말하면 '조금 전에 한 말과 다르잖아'라고 반박하는 사람이 있을지도 모르겠지만 그렇지 않다.

여기서 말하는 'ON'과 'OFF'는 '일하는 시간'과 '노는 시간(휴식)'이 아니라 '판매자의 시간'과 '구매자의 시간' 혹은 '개발자의 시간'과 '사용자의 시간' '저자의 시간'과 '독자의 시간'을 말한다.

즉, '노는 시간'에는 자신이 일을 제공하는 사람들의 마음을 이해해야 한다. 그래야만 일상생활에 필요한 요구를 소비자의 일원으로 느낄 수 있다. 이것이 '노는 시간'을 효과적으로 활용하는 노하우이다.

다만 지나친 놀이는 일에 지장을 주므로 주의해야 한다. 휴식을 취할 때는 순수하게 휴식을 취하는 것도 정신 건강에 좋다.

그렇다면 어떻게 하면 효과적으로 휴식을 취할 수 있을까?

과학적으로 입증된 시간 전환의 효과

인간이 한 가지 일에 집중할 수 있는 시간은 길어야 2시간 정도이다. 그래서 아무리 재미있는 영화도 1시간을 넘으면 슬슬 지루해지기 시작한다.

아무리 재미있는 일을 하더라도 지속적으로 하려면 기분 전환을 해야 한다. 2시간 정도 간격으로 효과적인 휴식을 취하는 것이 이상적이다. 주말 동안 충분히 쉬었다고 해서 평일 내내 일만 할 수는 없다.

일을 하는 사이사이에 휴식을 취하는 것을 '타임 쉐어링Time Sharing'이라고 하는데 이것은 공장에서 자주 쓰는 용어이다.

일하는 사람 입장에서는 여유롭게 차를 마시며 다과를 즐기는 정도의 휴식 시간을 원하겠지만 관리자의 입장에서는 시간 낭비로 보일 것이므로 사실상 거의 불가능하다. 또 그렇게까지 길게 휴식을 취하지 않아도 된다.

베스트셀러 『타임 시프팅Time Shifting』의 저자 스티븐 레슈자펜 박사는 몇 분 동안 '포즈 타임'을 만드는 방법을 소개하고 있다.

'포즈 타임'이란 아무것도 하지 않는 시간을 말한다. 하지만 아무것도 하지 않는 것처럼 보이지만 실제로는 뭔가 일을 하고 있다. 이에 대해 스티븐 레슈자펜 박사는 '현재에 몰입하라'는 표현을 쓰고 있다.

'현재에 몰입하라'는 것은 '현재 자신의 상태를 확인'하는 작업을 말한다. '아, 나는 지금 내 자리에 앉아 있구나' '눈은 컴퓨터를 보고 있구나' '심장이 뛰고 있구나' 등 현재 자신의 상태를 느껴보는 것, 그것이 바로 효과적으로 휴식을 취하는 요령이다.

자신은 포즈 타임을 갖고 있지만 다른 사람이 보기에는 일은 하지 않고 멍하니 앉아 있는 것처럼 보일 수 있다. 그러므로 '포즈 타임'과 '달아나는 기술'을 병행해야 한다.

예전에 다니던 회사 분위기가 살벌하여 포즈 타임을 가지려면 흡연실로 달아나야 했다. 사무실과 상당히 거리가 멀어서 왔다 갔다 하는 동안에도 기분 전환이 되었다.

비흡연자라면 화장실에서, 여성들이라면 탕비실에서 수다를 떠는 것으로 대신할 수 있다.

마음의 여유를 가져라

레슈자펜 박사는 '포즈 타임'을 '1일 단위'로 가질 것을 권하고 있다.

한 달에 하루라도 아무런 일정을 잡지 않고 그날 생각나는 일을 한다. 헤밍웨이처럼 낚시를 가도 좋고 아무것도 하지 않은 채 방바닥을 굴러다녀도 좋다. 그날의 휴식이 나머지 29일 동안 열심히 일할 수 있도록 기운을 가득 채워줄 것이다.

굳이 이런 시간을 갖는 이유는 마음의 여유를 만들기 위해서이다. 여유가 없는 사람은 '시간이 없어'라는 말을 입버릇처럼 달고 산다. 이들은 자신에게 주어진 시간을 짧게 느낀다. 그래서 다른 사람들보다 짧은 시간을 가지고 살아갈 수밖에 없다.

'엔트로피entropy'라는 말이 있다. '성장곡선'을 나타내는 말로, 죽을힘을 다해 신속하게 움직여 단숨에 성공을 이룬 사람이 한계점에 도달하면 일직선으로 하강해 버리는 현상을 나타낸다.

심리학자 존 오닐은 『특별한 원칙』이라는 책에서 성공한 경영자들 중에 이런 유형이 많이 나타나고 있다고 지적하고 있다.

헤밍웨이의 작품 『킬리만자로의 눈』의 주인공은 물욕과 욕망에 눈이 멀어 황금과 명예를 좇는 생활을 반복해 왔다. 그러다 아프리카로 여행을 가던 중 오지에서 다리를 다쳐 괴사가 일어나고 빈사 상태에 빠지게 되었다.

언제 죽을지 모르는 가운데 구조를 기다리며 통증조차 느끼지 못하게 된 주인공의 머리에 떠오른 것은 지나간 자신의 과거였다. '하고 싶은 일' '해야 하는데 하지 못한 일' '보고 싶은 사람들'이 주마등처럼 스쳐 지나갔다. 그리고 마침내 구조된 주인공이 헬리콥터 안에서 햇빛을 받으며 믿기 어려울 정도로 순백으로 빛나고 있는 킬리만자로 산의 눈을 보는 것으로 이야기는 끝을 맺는다.

시간에만 얽매여 앞만 보고 달리는 것은 자신의 눈을 멀게 하고 사용할 수 있는 시간도 단축시킨다. 여유를 가지고 자신을 돌아보면 얼마든지 시간을 효과적으로 활용할 수 있다.

성공한 경영자 중에는 엔트로피에 빠진 사람도 많지만 그렇지 않은 사람도 많다. 소니의 창업자 이부카 마사루는 '아동교육 연구가'라는 전혀 다른 면모를 가지고 있으며, 구로네코 야마토 택배 서비스를 만든 오구라 마사오는 은퇴 후 복지사업에서 많은 공적을 세웠다. 필명을 가지고 작가로 활동하는 경영자도 많다.

이러한 다양한 일들을 가능하게 한 것은 바쁜 중에도 '자신이 하고 싶은 일'을 찾아 효과적으로 시간을 늘렸기 때문이다.

자신이 하고 싶은 일이 무엇인지 모르는 사람은 점차 초조해지므로 잘못된 선택을 하기 쉽다.

평소 친분이 있던 사람이 출판사 영업직을 희망하며 일자리를 구하고 있었다. 그러던 어느 날 여성잡지 편집을 해보지 않겠냐는 제안이 들어왔다. 당시 그녀는 좀처럼 일자리를 구하지 못해 초조해하던 터에 편집 일에 흥미를 갖기 시작했다.

그러나 그녀는 섣불리 대답하지 않고 자세히 조사해 보았다. 그러자 인쇄 현장에서 하는 업무와 다를 바 없다는 사실을 알게 되었다. 또 사원들의 이직률이 높다는 것도 알게 되었다. 결국 그녀는 그 회사의 제안을 거절하고 얼마 후 자신이 원하는 일을 하게 되었다.

초조할 때일수록 마음에 여유를 가져야 한다. 헤밍웨이도 여가를 즐기며 마음에 여유를 가졌기 때문에 좋은 작품을 쓸 수 있었던 것이다.

제6장

시간을 늘리는 노하우

거절은 시간 낭비를 없앤다

"알 만한 대기업에서 우리에게 머리를 숙이는 이유는 기술적으로
까다로운 일을 소화해 내기 때문이다. 나는 오늘도 그들에게
'아무나 할 수 있는 일은 의뢰하지 마시오'라고 말한다."
_오카노 마사유키(오카노 공업주식회사 대표)

거절로 최고의 기업을 만들다

'성공한 사람들의 사례를 통해 시간관리술을 배우자'는 취지로 쓰기 시작한 글을 어느덧 마무리하게 되었다. 지금까지 일반적인 시간관리술에 대해 기존의 상식을 뒤엎는 새로운 각도로 그 방법을 모색해 왔다. 이번 장에서는 마지막인 만큼 한층 더 파격적인 방법을 살펴볼 것이다.

시간관리술의 목표는 일의 효율성을 높이거나 속도를 향상시켜 일의 진행을 원활하게 하는 데 있다.

그렇다면 반대로 비효율적인 일을 진행하면 어떻게 될까? 단기적으로는 엉망진창이 되어버릴 것이다. 하지만 장기적으로는 오히려 더 큰 발전을 도모할 수 있다.

그래서 이번에는 '거절하는 기술'을 배워보려고 한다. 거절하는 기술로 성공한 대표적인 인물로 오카노 공업주식회사의 대표 오카노 마사유키가 있다. 그는 일본이 자랑하는 금속가공업체의 직인職人다. 오카노 공업사는 단순한 금속가공업체가 아니다. 규모는 작지만 최고의 기술로 단연 두각을 나타내고 있다.

오카노 공업사에서는 무엇을 만들기에 최고의 인기를 누릴 수 있는 걸까?

오카노의 저서 『내가 만든다』는 책을 보면 그들은 무엇이든 만들어낸다. 휴대전화에 사용되는 리튬이온 전지 케이스에서 노래방에서 사용하는 마이크의 망 부분, '찔러도 아프지 않는 직경 60마이크론’의 주삿바늘, 그리고 특허를 따낸 탄소 가공기술은 미국 스텔스 전투기레이더에 잡히지 않는 전투기에도 사용된다.

그야말로 업종을 불문하고 무엇이든 만들어낸다. 하지만 아무나 만들 수 있는 제품은 만들지 않는다.

누군가 '이런 부품이 있는데 좀더 사용하기 편하게 이런 식으로 만들어 주십시오'라고 의뢰하면 오카노는 한마디로 거절한다.

이들은 오로지 '지금껏 아무도 만든 적이 없는 것' 그리고 '세상에 없는 것'을 만들어낸다. 이미 만들어진 제품을 사용하기 편하게 만드는 일은 새로운 제품을 만드는 일보다 훨씬 쉽다. 그런데도 이들은 연구에 연구를 거듭하며 수십 번, 수백 번의 시행착오를 거쳐 새로운 제품을 만들어낸다. 효율 면에서는 최악이라고 할 수 있다. 그런데도 이러한 일들만을 고집해 이들이 얻어낸 것은 무엇일까?

분명히 단기적으로 볼 때 오카노 공업사의 생산성은 나쁘다. 하지만 '과연 이런 제품을 만들 수 있을까?'라고 생각될 만큼 특이한 제품을 생각하면 오카노 공업이 자동적으로 떠오른다. 그런 일만 골라서 하니 어찌 보면 당연한 일이다.

이것이 바로 내로라하는 대기업과의 경쟁에서도 지지 않는 오카노 공업의 원동력이다. 일부러 쉬운 일을 '거절'하고 생산성이 나쁜 일에 도전하여 성공을 거둠으로써 대기업들과 어깨를 나란히 할 만한 유일무이한 브랜드를 만들어내고 있는 것이다.

고객을 선택하는 세일즈 기술

이러한 오카노의 완고한 성격은 직인들의 이미지와 잘 어울린다. 최근에는 세일즈 업계에서도 '거절함으로써 일을 선택하는 방법'이 널리 사용되고 있다.

후나이종합연구소의 톱 컨설턴트인 이소즈미 다케시는 세일즈맨이 범하는 불필요한 행동으로 '비용 낭비'를 들고 있다. 간단히 말하면 이것은 계약이 성사되지 않은 고객에게 들인 시간과 경비, 인원을 말한다.

심한 경우 월 4천만 원에 이르는 경비가 허비되고 있다. 연간 매출 20억 원인 회사라면 월 매출의 20퍼센트가 넘는 엄청난 금액이다. 경우에 따라서는 매상을 올리기보다 불필요한 경비를 줄이는 것이 이윤을 남기는 데 훨씬 효과적이다.

이소즈미는 『영업 인력의 법칙』이라는 책에서 '매력적인 세일즈' 기술을 소개하고 있다. 이 기술을 뒷받침하는 발상 중에 고객을 선택한다는 발상이 단연 돋보인다.

'세일즈맨이 고객을 선택하다니 그게 말이 됩니까?'라고 의아하게 생각하는 사람이 있을 것이다. 이에 대해 이소즈미는 이렇게 말하고 있다.

"가치관이 맞고 자신이 판매하는 상품이나 제공하는 서비스에 만족을 느끼는 사람을 명확하게 선별해 내어 그 사람들에게 최선을 다하기 위해서는 이 작업이 반드시 필요하다."

가치관이 맞지 않는 고객은 아무리 시간을 들여 설득을 해도 상품을 구매하지 않는다. 그런 사람들에게 시간을 들이는 것은 낭비다.

설사 운 좋게 계약을 맺더라도 수지타산이 맞지 않거나 클레임이 들어오는 경우가 대부분이다. 이러한 문제가 발생하는 원인은 세일즈맨이 자신의 가치관을 버리고 상대의 가치관에 억지로 끼워 맞추기 때문이다.

사람들은 저마다 가치관이 있고 하나의 상품이나 서비스를 놓고도 저마다 요구하는 것이 다르다. 그 어떤 세일즈맨도 모든 사람을 만족시킬 수는 없다. 그러므로 '만족시킬 수 없는 사람'은 미리 '거절'함으로써 자신의 진짜 목표를 효율적으로 달성한다. 조금 냉정하게 느껴질지도 모르지만 이것이야말로 최고의 세일즈 기술이다. 도쿄 디즈니랜드에서도 이 같은 방법을 사용하고 있다.

실제로 디즈니랜드는 입장하는 고객을 제한하는 여러 가지 기준을 가지고 있다. 디즈니랜드에 입장하려면 '놀이동산 안에서는 술을 마시면 안 된다' 'OO 이상의 짐은 들고 들어갈 수 없다'는 등 규칙을 엄수해야 한다.

즉, 디즈니랜드에서는 자신들이 제공하는 엔터테이먼트의 형태로 이에 찬성하는 사람들의 출입만을 허용하고 있다. 자신들과 가치관이 다른 사람의 입장을 거절함으로써 자신들이 원하는 최고의 서비스를 제공하고 있다.

심리학적으로도 유용한 거절의 기술

자신이 해야 할 일이 무엇인지 정해졌다면 그 밖의 일은 거절하라. 불필요한 일을 거절하면 손쉽게 효율을 높일 수 있다.

예를 들어 계약 실적을 올리기 위해 고객을 방문해야 한다고 하자. 서둘러 나가려는데 상사가 진행 중인 상담 건에 대해 보고하라고 지시했다면 과감히 거절하라.

방법은 간단하다. 하지만 인간관계가 얽혀 있어 좀처럼 실천하기 어렵다. 거절하고 싶은 마음은 굴뚝 같지만 어쩔 수 없이 지시에 따라야 할 때가 많다.

달리 생각해 보자. 이와는 반대로 얼마든지 거절하는 기술을 활용하여 이상적인 인간관계를 구축할 수 있다. 오카노 마사유키의 경영 마인드나 이소즈미 다케시의 '매력적인 세일즈'에서도 궁극적으로는 자신이 원하는 것을 실현할 수 있는 클라이언트 관계를 구축하기 위해 '거절하는 기술'을 구현하고 있다.

'거절하는 기술'의 실용성을 심리학적인 면에서 검증한 사람들이 『떳떳하게 '노'라고 말하는 법』패티 브레이트먼, 코니 해치에서는 이렇게 말하고 있다.

"일을 진행할 때 불필요한 일은 거절하고 경우에 따라서는 일 자체를 거절하는 기술을 터득하면 인생의 질이 달라진다. 매일 스트레스를 억제하는 데도 도움이 된다. 무엇보다 가장 중요한 것은 시간과 업무량의 적절한 한도를 설정해 두면 충실하고 만족한 인생을 열어갈 기회를 손에 넣을 수 있다."

이들이 말하는 '충실하고 만족한 인생을 열어갈 기회'란 단순히 야근을 거부하고 여가를 즐긴다는 단편적인 의미가 아니다. '거절'하는 진정한 목적은 진심으로 하고 싶은 일을 실현하기 위해 방해물을 제거하는 것이다.

'거절하는 기술'을 제대로 구사하려면 우선 '거절하는 목적'과 '하고 싶은 일'을 정확하게 파악해야 한다. 그리고 다음과 같은 요구가 들어왔을 때 적극적으로 '거절하는 기술'을 활용해 보자!

(1) 그 요구보다 먼저 해야 할 일이 있을 경우.
일상생활에서 비일비재한 경우로 예를 들어 새로운 프로젝트를 신속하게 진행해야 하는데 전혀 상관없는 일 처리를 강요당하기도 한다. 이는 마땅히 거절해야 한다.

(2) 개인적인 요구로, 전체적인 이익에 도움이 되지 않을 경우.
서로 다른 직속상사에게 각각의 업무를 지시받았을 때 자주 발생한다. 마음씨 좋은 상사를 만나면 다행이지만 다른 일은 전혀 고려하지 않고 자신의 지시만 따를 것을 강요하는 사람도 있다. 또한 '연하장 주소 쓰기' 등 개인적인 일을 강요하는 사람도 있다. 이것 역시 과감히 거절하라.

(3) 비현실적인 요구나 자신의 생각과 일치하지 않는 경우.
예를 들어 디자인 사무실에 디자이너로 취직했는데 몇 달째 커피 심부름만 하고 있다면 과감히 거절하라. 신입일 때야 어쩔 수 없다 하더라도 자신의 요구가 전혀 받아들여질 기미가 보이지 않는다면 결국 자신이 원하는 일을 할 수 없을 확률이 높다.

이런 경우 거절하는 방법으로 3가지를 들 수 있다.

(1) '거절할 수밖에 없었다'라는 느낌을 전달하라.
 '정말 도움이 되고 싶지만 저로서도 어쩔 수가 없군요'라고 정중히 거절한다. 예를 들어 프로젝트를 진행해야 한다면 '이 일에 도움을 드리고 싶지만 지금은 긴급 프로젝트를 진행하고 있어서 잠시도 자리를 비울 수가 없습니다. 죄송합니다'라고 말하면 상대의 기분을 해치지 않고 거절할 수 있다.

(2) 거절할 수밖에 없는 이유를 논리적이고 간결하게 설명하라.
 자신의 지시에 따르도록 강요하는 상사의 경우 정면 승부하는 것이 좋다. '여기 스케줄표를 보십시오. 그 일은 아직 여유가 있으니 지금은 신속하게 처리해야 할 일부터 처리하고 일이 마무리되면 지시하신 일을 확실하게 처리하겠습니다. 그러니 양해해 주십시오.' 이때 자신의 의사를 강하게 전달하는 것이 중요하다.

(3) 타협안을 제시하라.
 일종의 교섭하는 방법으로 '윈윈 전략'이 중요하다. 즉, 서로에게 이득이 되는 타협안을 제시해야 한다. 예를 들어 몇 달째 커피 심부름만 시킨다면 'OO시까지는 커피 심부름이든 다른 일이든 시키는 대로 따르겠습니다. 대신 OO시부터는 제 일을 할 수 있도록 배려해 주십시오. 그러면 저도 최선을 다해 일할 수 있을 것 같습니다'라는 식으로 타협하라.

실제로 이런 식으로 자신의 자리를 굳힌 사람들이 많다. 끈기를 가지고 용기 있게 문제점을 개선하는 자세가 중요하다.

과감히 거절했다면 단호하게 목표를 달성하라

목적을 달성하기 위해 과감히 거절하고도 목표를 달성하지 못한다면 모든 노력이 허사로 돌아갈 것이다. 그러므로 '거절하는 기술'은 꼭 필요할 때만 사용해야 한다.

이소즈미 다케시의 매력적인 세일즈는 계약이 성사될 가능성이 없다고 판단되는 고객은 거절하고, 가능성 있다고 판단되는 고객에게 전력투구하는 것인데, 이 경우 기껏 투자한 고객에게서 클레임을 받는다면 얼마나 어이없는 일인가.

예의 디자인 사무실에 들어간 신입사원도 마찬가지다. 기껏 자신의 일을 할 기회를 만들고도 실수를 연발하여 다른 사람들에게 폐를 끼친다면 두 번 다시 기회를 가질 수 없게 될 것이다.

누구나 할 수 있는 일을 단호하게 거절하고 불가능한 일에 도전한 오카노 공업사가 '저희에게도 불가능한 일이었습니다'라고 말한다면 사람들의 비난을 피할 수 없었을 것이다.

오카노 마사유키는 자신들의 모습을 백조에 비유하고 있다. 백조는 수면 위로는 우아한 자태를 뽐내지만 수면 아래에서는 필사적으로 발버둥친다. 오카노의 평균 수면 시간은 3시간이며 잠자리에 들어서도 계속해서 일에 대해 생각한다고 한다. 꼭 필요할 때만 '거절하는 기술'을 구사해야 하는 만큼 그에 따른 희생을 각오해야 한다. 단순히 거절하는 것만으로는 결코 시간 혁명을 실현할 수 없다는 것을 명심하라.

또 한 가지 명심할 것은 일에 재미를 느껴야 한다는 것이다. 오카노가 3시간밖에 안 자면서까지 일에 몰두하고도 스트레스를 받지 않는 이유는 일에 재미를 느끼기 때문이다.

200년 인생

'시간을 늘릴 수 있다'는 관점으로 여러 사람들의 다양한 사고방식과 노하우를 알아보고 있는데, 그렇다고 해도 누구나 무제한으로 시간을 늘릴 수 있는 것은 아니다.

인간의 수명에는 한계가 있다. 그래서 이번에는 '급할수록 돌아가라'는 장기적인 시간관리술을 살펴볼 것이다.

인간은 항상 눈에 보이는 결과를 기대한다. 원하는 것을 빨리 실현하고 싶어 하며 장해물을 제거해 가장 빠른 방법으로 목적을 이루려고 한다. 항상 시간에 쫓기며 초조해하고 기껏 시간을 들여 시간관리 책을 읽고도 제대로 활용하지 못한다.

그래서 마지막으로 11년 연속 부자 순위 10위 이내에 든 일본 제일의 고액 납세자, '긴자 마루칸'의 창업자인 사이토 히토리에게 그 노하우를 배워보려고 한다.

사이토 히토리는 인생과 시간에 대해 어떻게 생각하고 있을까? 그는 자신의 책에서 이렇게 말하고 있다.

"나는 진심으로 200세까지 살 거라고 믿는다."

몇 살까지 살 수 있을지는 아무도 모른다. 옛날에는 '인생 50년'이라고 했지만 요즘은 100세를 넘기는 사람도 많다. 원래 인간의 수명은 100년이 넘는다는 연구도 있으니 지금보다 의학이 발달하면 가능할지도 모른다.

하지만 대개 사람들은 80세를 넘기기 힘들 거라고 생각한다. 그래서 40세가 되면 이미 반환점을 지났다고 생각하고 50세가 되면 '이제 반도 채 남지 않았다'는 생각이 들면서 초조해지기 시작한다.

인간의 수명이 200세라고 하면 어떻게 될까? 50세를 넘어도 아직 150년이나 남아 있으니 초조함을 느끼지 않을 것이다.

사이토는 이렇게 말한다.

"내가 80세에 죽는다 해도 '살아봐야 몇 년 더 살겠는가?'라고 생각하며 대충 사는 사람보다 훨씬 삶이 풍요롭지 않겠는가. 죽음을 기다리며 사는 사람보다 아직 더 많은 시간이 남아 있다고 생각하며 사는 사람이 더 행복하고 즐거운 건 지극히 당연한 일이다."

당신은 무엇을 위해 '시간'을 사용하는가?

그렇다고 해서 사이토 히토리가 마냥 '유유자적하며 살라'고 말하는 것은 아니다. 그는 인생에서 해야 할 일을 피라미드형으로 단계를 나누고 있다.

이 단계들은 빨리 진행할 수도 있고 건너뛸 수도 있지만 절대 없어서는 안 된다. 어느 한 단계가 없어도 피라미드는 무너지고 말기 때문이다. 그만두는 것은 당신의 자유이다. 그러나 천천히 올라가다 보면 당신의 꿈에 가까워질 것이다.

사이토를 포함하여 지금까지 시간관리술의 달인들을 통해 '그들의 노하우'를 살펴보았다. 이들은 모두 '무엇을 위해 시간을 늘리는가?'를 정확하게 인식하고 있다. 주의할 점은 목표를 달성하기 위해 시간을 늘린다는 것이다. 단순히 업무량을 늘리거나 눈앞의 이익을 얻기 위해 시간관리술의 본질을 망각해서는 안 된다.

한 단계 한 단계 확실하게 밟아가기 위해 때로는 먼 길로 돌아가기도 하고, 추진해야 할 때는 적극적으로 추진하는 것이 진정한 '시간관리'이다.

한때 나는 학자가 되기 위해 대학원에 진학했으나 좀더 생생한 사회 경험을 쌓고 싶어 기업에 취직했다. 학자가 되는 고난의 과정을 피해 회사원이라는 안전한 길을 선택했다고 사람들의 비난을 사기도 했지만, 한 교수는 이렇게 말했다.

"안전한 길도 좋지만 살다 보면 돌아가는 것도 재미있는 걸세."

학자의 길을 꾸준히 걸어간 친구들이 고난의 과정을 마치고 정부교육기관 등 좋은 직장에 자리잡아 가는 동안 안전한 길을 선택한 나는 무려 세 번이나 회사를 옮겼고 지금은 경영자와 작가로서 그와는 전혀 무관한 삶을 살고 있다.

하지만 그 모든 시간이 내게는 소중한 경험이 되었다. 대학에서 배운 지식들이나 처음 회사, 그리고 그 다음 회사, 그리고 마지막 회사에서 배운 지식들도 지금 내가 살아가는 데 큰 도움이 되고 있다.

지식 이상으로 지금 내게 큰 힘이 되어준 것이 그동안 인연을 맺은 사람들이다. 그래서 누구에게든 자신 있게 말할 수 있는 인맥을 맺게 해준 대학과 회사에 진심으로 감사하고 있다.

반드시 해야 하는 일에 시간을 투자하라

이렇듯 시간이라는 것은 쌓이고 쌓여 언젠가는 반드시 당신에게 도움이 된다. 단순히 '시간은 흘러가면 그만이다'라고 생각하는 사람은 지나간 시간을 후회하거나 앞으로 있을 일이 신경 쓰여 쫓기듯이 살아갈 것이다.

이들은 시간이 흘러가는 대로 몸을 맡기기 때문에 필요한 때에 자신의 시간을 확보하지 못한다. 마냥 넋 놓고 있다가 기회를 놓치고 말 것이다. 조금 늦더라도 기회가 오면 적극적으로 잡아야 한다. 사이토 히토리는 그 기회를 비행기의 이륙에 빗대어 말하고 있다.

비행기가 이륙하는 순간에는 공기의 저항이 매우 심하다. 방심하면 속도가 떨어져 추락하게 된다. 그런데도 비행기가 무사히 하늘로 날아오를 수 있는 것은 이륙할 때 엔진을 분사시켜 가속화하기 때문이다.

일이나 인생도 마찬가지다. '반드시 해야 하는 일'에 시간을 투자하기 위해 시간을 늘려야 한다. 설령 실패했다고 해도 실망하지 마라.

실패를 발판으로 다음 기회를 모색하면 된다. 실패에 절망하고 시간에 쫓겨 모처럼의 기회를 놓친다면 당신은 시간의 지배를 받으며 자유롭게 살 권리와 행복해질 권리조차 상실하게 될 것이며 꿈을 실현시킬 가능성조차 빼앗기게 될 것이다.

지금까지 새로운 각도에서 파격적인 시간관리술을 알아보았다. 물론 우리는 시간을 거꾸로 돌릴 수는 없다. 그러므로 성공한 사람들을 통해 그 노하우를 배웠으면 한다. 각 분야에서 기회를 잡은 사람들이므로 당신에게 분명 도움이 될 것이다.

시간, 도요타처럼 아끼고 닛산처럼 써라

초판 1쇄 인쇄 | 2007년 4월 20일
초판 1쇄 발행 | 2007년 4월 30일

지은이 | 나츠카와 가오   옮긴이 | 박화
펴낸이 | 이영희 펴낸곳 | 이손
등록번호 | 제2-2246호 등록일자 | 1996년 9월 10일

주소 | 100-391 서울시 중구 장충동 1가 35-31 대명빌딩 102호
전화 | (02)2269-0895 팩스 | (02)2272-8823
E-mail | editress@empal.com

ISBN 978-89-87095-78-3   03320
잘못된 책은 본사나 구입하신 서점에서 바꿔드립니다.